U0061536

香港極簡史

關於香港歷史的十個課題

邱逸 著

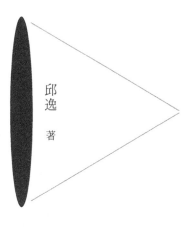

中華書局

推薦序

　　得悉邱逸博士的《香港極簡史》付梓面世，甚為欣慰和喜悅。

　　香港自有人類活動，已有逾七千年歷史，但她僻處我國南陲，遠離文明發源地的中原地區，歷代雖有發展，但仍未登上歷史舞台。開埠後，香港逐漸從藉藉無名的邊陲之地蛻變成東亞航運樞紐和商業重鎮，更扮演了西學東漸傳播點、內地移民避難所、「辛亥革命」的孕育地、東亞社會最早現代化的示範區，和近40年國家改革開放的積極參與者等角色。身為港人，對香港歷史，特別是近現代她扮演過的角色，及在中國近代所發揮的作用，不可不知。

　　在近代以前，官方文獻中有關香港的歷史記載寥寥可數，需仰賴考古出土材料，配合地方志及族譜，方可勉強重構昔日本地區的歷史面貌。1841年香港開埠後的資料五花八門，浩如煙海，而且龐雜曲折，要

爬梳史料，整理出一條可讀可知有趣而具啟發性的脈絡，談何容易。邱博士迎難而上，別出心裁，通過整合和提取史事和史料，以簡史方式書寫香港歷史。它簡約、通俗，深入淺出，適合各類人閱讀，寫法和內容均另闢蹊徑，有所創新。

　　邱逸的《香港極簡史》在課題和章節上另闢蹊徑，十個課題既可獨立成章，又互為因果，是從點到面交織香港的故事，章節之間也有承傳和發展的關係。它適合任何年齡的讀者，是一本可認識香港、國家及世界歷史的理想讀物，誠意向廣大讀者推薦。

丁新豹

香港大學中文學院名譽教授

前言：
香港歷史的
極簡視角

　　2019 年下旬，在朋友圈中，看到聯合出版（集團）有限公司傅偉中董事長發佈了一篇有關《上海極簡史》的介紹，點進一看，發現這書構思精妙、深入淺出、非常有趣，於是，順手對傅董帖子讚好。未幾，傅董傳來了訊息問：「你有興趣寫一部香港的極簡史嗎？」我二話不說幾乎是本能地回答：好！

　　我是研究軍事史出身的，因緣際會，獲中華書局邀書寫香港 18 日的戰爭，由此投入香港史的研究和普及中。

　　研究的路迂迴多節，卻精彩處處。從香港之戰、東江縱隊、香港客家史再到梅窩、九龍城、西貢、荃灣等舊史古村的地方民俗文化史；又因為校友的關係，我參與了英華書院 200 年校史的撰寫，發現書院藏有大量早期基督教辦學的寶庫。可以說，我誤打誤撞進入了香港史的專題研究，又順藤摸瓜，從點到線到面，勾勒交織出香港史研究的方方面面，既有大時代

大場面的戰爭歲月，又有小村大家的傳承瑣事，更有東西撞擊的香港獨有故事。

每一頁、每一章、每一部都是精彩紛陳、意想不到的學習過程。

同時，因饒宗頤文化館的林沛德校長之邀，自 2014 年起參與「香港百年蛻變」活動，活動得到香港檔案處和香港歷史博物館等機構的支持，從中閱讀了大量珍貴的照片和歷史檔案，構思了包括展覽、講座、報告比賽等不同活動，其中的「香港百年蛻變」講座是整個計劃的重中之重，我和其他香港史的前輩如丁新豹、梁一鳴和黃浩潮等四人要剪裁從鴉片戰爭到香港回歸約 150 年的香港歷史，讓初中學生可在一小時之內掌握基本史實和發展脈絡，並要從中領略香港的精神。在準備的過程裏，我們就這時期各大事件作分類、取捨、補充和展現，並在往後的日子，就學生能力、興趣等因素作出調整和細化。可以說整個過程就是我如何消化和普及香港近代史的過程，我們大量引入圖片、音頻、影像等多元多彩的因素，務求使學生們能在短時間裏得到更立體、更準確、更有趣和更全面的香港史。

在 2018 年，「香港百年蛻變」改為「香江傳承」，因時制宜，我把講座的資料重新整合，以「香港十大奇案」的名義作主題演講，把原來只講述 150 年的歷史擴長至新石器年代。所謂的十大奇案，其實就是香港歷史上的十件大事，只是從一個有趣的角度，以問題出發，讓學生思考並作答。

現在回想，這七年的講座內容整理的經歷，包含了發掘、組織、剪裁、補充、展現、趣味、多元、互動等元素，這不就是《香港極簡史》的濫觴嗎？

葛劍雄教授的《上海極簡史》重點在十個專題：自然地理環境、城市人文環境、行政區劃、居住人口的形成、發展與演變，重要事件等作介紹，概括上海歷史發展中的要點。更具體一點地說，《上海極簡史》就是葛教授的十場有關上海的專題講座：文字版是提綱或簡報（PPT），音頻版則是簡報的演釋，這樣安排的好處是專題清晰、深淺互補、夾敘夾議。

《香港極簡史》除了採用《上海極簡史》的名字、簡約、通俗敘述、深入淺出、文字與聲音互補等優點外，寫法和內容都要另闢蹊徑，並要有所創新，故草擬《香港極簡史》的過程中，我為書本定下以下原則：

一）專題導向

中國傳統官史主要有三種體裁：以《左傳》為例的編年體；司馬遷開創的紀傳體；和以紀事為主的紀事本末體。這三種體裁各有優勢，如編年體的「一時多事」，紀傳體的「一事多角」或紀事本末體的「一事貫穿」，但都不能符合極簡又集中的要求。故此，我採用了專題形式，專注於十個香港史的重要題目，並從遠到近，採用不同的視角，以一個概念貫穿，兼得編年體、紀傳體和紀事本末體的優點。

二）深入淺出

既稱為「極簡史」，便帶著深入淺出的意思，難就難在，香港在地理上雖然是個小地方，卻在角色上多次影響近代史的進程，成為一個無可取代的東西文明碰撞和交匯點，要把每一宗複雜多元的歷史事件整理成一篇 1,000 字左右易讀有趣的文章，殊實不易，既要說得清，又要拿捏準，更要脈絡明，非常考驗對香港事的了解、分解和見解。

三）趣味互動

由於有多年香港史研究和講解的經驗，我在《香港極簡史》的文字部分費時不多，但和中華書局的編輯們卻用了大量心機在圖片的選錄、桌遊的構思、視頻或音頻的錄製等方面，為的是希望這書能夠起着趣味互動的作用，能符合 21 世紀讀者的讀書趣味。我們在這方面的嘗試是跌跌碰碰的，經過無數次會議和商討，最終決定此書配合音頻推出：文字提供線索和框架，音頻補充了重要的歷史因果。在往後的日子，我們可能嘗試把《香港極簡史》引進桌遊或其他多元遊戲教學，希望能做到與時並進的效果。

簡史之妙在於簡，其難也在於簡。

書寫香港史的一事一人一地，難在資料挖掘和辨認；要簡約式書寫香港史，難在整合和提取。《香港極簡史》的十個話題既可獨立成章，又互為因果，如第一章寫考古裏的香港，第二章是名稱上的香港，第三章則從地寫到人，談到香港本地人

和移民，可以讓我們對遠略部分的香港有一概括又深入的認識。章節之間也有承傳、發展的關係，如第四章談到早期的殖民地統治，接着的第五章就是華人在香港地位的上升；又如第六章寫及戰前香港如何啟蒙「明治維新」的日本和清末的中國，到第九章便專寫戰後香港文化的影響等。

《香港極簡史》為了平衡通俗和學術，普及和專業，在文字之外，還採用了諸如文物、遺址、古跡、圖像、地圖和復原圖等，事實上，得益於文本研究的深入、考古的發掘、科技的普及、老照片的發現、民俗文化的重視，我希望《香港極簡史》能帶有角度多、歷史廣、文化豐、人物活、領域廣、層次深等閱讀效果。

↑（圖片來源：Chinese artist, Hong Kong. John Thomson, 1869, Wellcome Library no. 19840i.)

《香港極簡史》能順利與各位讀者見面，要感謝傅偉中董事長的獨具慧眼，侯明總編輯的細緻安排和中華書局（香港）有限公司學術出版分社編輯們的鞭策協助，與英華書院校友會文物檔案組的張家輝、李天豪師兄弟的無私支持和丁新豹教授的熱心推薦。

　　我希望這小書能帶給對香港史有興趣的讀者獨特的視角、全新的體驗和歡暢的閱讀過程。《香港極簡史》在整合和有趣方面作出了新穎的嘗試，可能是香港史普及和教育的新方向，就像一顆投入大海中的小石，為香港史的普及起到漣漪一樣的貢獻。

　　書中瑕疵難免，尚祈讀者們不吝賜正！

邱逸

2021 年 6 月於荃灣海壩古村

目錄

香港歷史的長度和厚度

在不少歷史著述裏，香港歷史大都是從 1842 年的《南京條約》前後開始的，但是，有沒有想過香港信史的真實長度呢？它最早可上溯到哪一年？同時，我們也探討一下香港歷史的厚度：它的歷史、經濟和文化層次。在《南京條約》前，香港是否一個籍籍無名的小漁村？它是否人煙罕至、在歷史上空白一片呢？這一章讓我們好好「顛覆」你原有的香港觀，了解一下香港的歷史長度和厚度。

圖片來源
A bamboo aqueduct at Hong Kong. Engraving by H. Adlard.
Wellcome Collection. Public Domain Mark

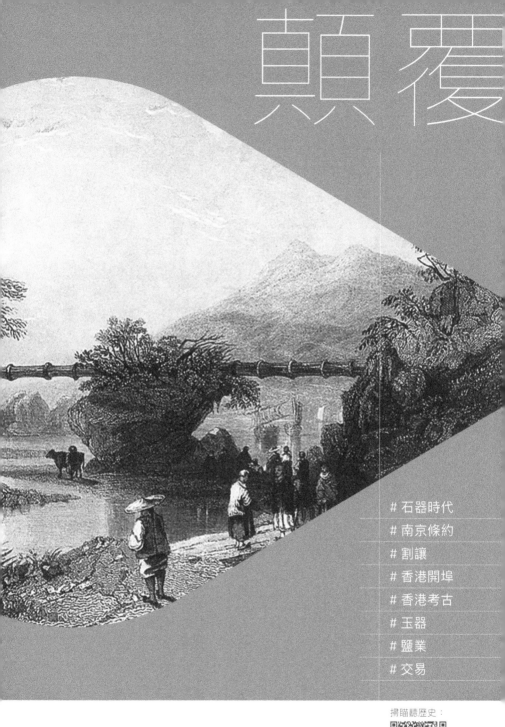

顛覆

掃瞄聽歷史：

↑ 相信是位於黃泥涌谷一帶的農地。當時農民以竹製導水管將水導引
　到農地，作灌溉之用。（1838 年）

考古出土的香港古史

　　上世紀 20 年代初，考古學家韓雷（C.M. Heanley）等專家首次在屯門掃管笏展開調查，發掘出商代至春秋時代的遺址和遺物，揭開了香港考古的序幕。

　　早在 1932 年，曾任教於香港大學地理系的芬戴禮神父（Daniel Finn, S.J.）在南丫島大灣遺址考古，是香港首次正式的考古發掘工作。其後雖然發展出「東灣考古」的模式，但香港考古只有零星的發現，真正進入大發展期是在 1988 年至 1997 年。這時期的考古有兩個里程碑式的發現，一是推翻早期考古學家的假設：新石器時期的香港先民是以船為家的；二是解答了香港歷史有多悠久的問題。

　　1988 年在大嶼山東灣發現三處新石器時代的房址遺跡，顛覆了之前多推論香港先民是以船為家的觀點。1992 年大嶼山扒頭鼓發現二十多處房址遺跡，出土了商代石戈、石箭鏃及大量陶罐等。

　　因應赤鱲角新機場的建設，考古人員在 1990 年起全面開展赤鱲角附近的遺址發掘工程。所發現的遺址與遺物，證明約在 7,000 年前的新石器時代已有人類在香港地區活動和居住。其後，在南丫島掘出 5,000 年前的古村落遺址，是珠江三角洲地區迄今發現年代最為久遠、保存最為完整的房屋遺

A CONTRIBUTION
TO THE
PREHISTORY of HONGKONG
AND THE
NEW TERRITORIES

BY

C. M. HEANLEY and J. L. SHELLSHEAR.

A CONTRIBUTION
TO THE PREHISTORY OF HONGKONG AND THE
NEW TERRITORIES

———

In 1928 one of us (C. M. H.) published a report in the *Bulletin of the Geological Survey of China* on the finding of celts in this district and there dealt somewhat fully with the method of finding the material and on the general geological features of the country as far as it concerns the finds.

Since his report we have been associated in making a systematic survey of the country and together have been able to collect a large amount of material which we hope will throw light on the early history of this district; and further we hope that it may be instrumental in linking up the work already done in other regions of the Far East.

Some of the material is of peculiar interest in that it appears to be very similar to that described by J. G. Andersson and by Dr. Li Chi. This material seems to bear a close similarity with the cultures of the Shang and Chou periods

↑ 1925 年前後，韓雷在香港屯門掃管笏進行考古調查，圖為他撰寫的調查報告。

赤鱲角考古發現：遺址包括深灣村，虎地灣、蝦螺灣、過路灣等地。

樹糧灣
Shu Leung Wan

廟灣
Miu Wan

長沙瀾
Cheung Sha Lan

深灣村
Sham Wan Tsuen

灰窰灣
Fui Yiu Wan

唐代石灰窰原來位置

虎地灣
Fu Tei Wan

過路灣
Kwo Lo Wan

蝦螺灣
Ha Law Wan

元代古窰群位置

北 N

↑ 赤鱲角深灣與虎地、蝦螺灣一帶曾出土多座灰窰，後部分遷至東涌嶺小砲台。

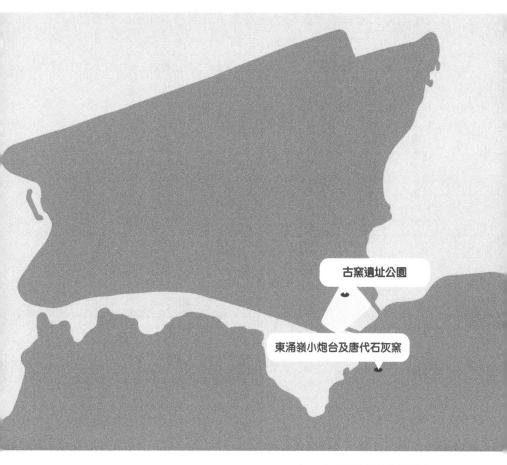

↑ 東涌的遺址分佈區域。

址。同時出土以炊煮器和盛食器為主的陶器，陶器紋飾是幾何形花紋，這些花紋也見於珠江三角洲地區出土的陶器，由此可見香港的文明與珠江三角洲曾是在同一文化圈內[●]。

香港重要考古遺址一覽

遺址	位置	年代
深灣	南丫島	新石器時代中、晚期，青銅時代及歷史時代
大灣	南丫島	新石器時代及青銅時代
萬角咀	大嶼山	新石器時代晚期及青銅時代
東灣	大嶼山石壁	新石器時代，青銅時代及歷史時代
鯉魚灣	長洲	新石器時代晚期，青銅時代及歷史時代
蟹地灣	大嶼山	新石器時代中、晚期及青銅時代
龍鼓灘	屯門	新石器時代中、晚期及歷史時代
龍鼓上灘	屯門	新石器時代中、晚期及歷史時代
春坎灣	香港島	新石器時代中、晚期及唐代

7,000 年前是怎樣的世界？

　　約 7,000 年前（公元前 5000 年），農業耕作廣泛在歐亞大陸出現。青銅時代也開始了，人類開始廣泛從事農業生產，

中國則出現了「仰韶文化」。香港地區大約在公元前 1500 年才有青銅器出現，故香港在文明發展上，較兩河文明和黃河文明為晚，但和世界上其他地方比較，已是非常先進了。特別是南丫島大灣沙堤遺址出土的商代早期牙璋，是唯一一個在島嶼上發現的牙璋，說明在距今約 3,500 — 3,000 年前，在夏商之交，牙璋已從中原大規模向南方擴散，意味着中原文化已擴散到沿海，華南地區開始進入青銅時代文明的殿堂。

陶器最早在華南地區發現，距今約 9,500 到 10,000 年之間，花紋呈簡單的線條或幾何圖形；中原地區陶器的出現則較晚，約為七八千年之前。在瓷胎和瓷釉不斷創造和改進的基礎上，花紋的裝飾藝術也逐漸由粗到細、由簡到繁，呈現出千變萬化、多姿多彩的時代特點。到了新石器時代中期的「仰韶文化」彩陶，紋飾更是流暢多姿，有渦紋、線紋、點紋，甚至動物和人物的描繪。

「仰韶文化」：黃河中游地區的新石器時代文化，年代約為公元前 5000 年－公元前 3000 年前。河南三門峽地區的仰韶村發現的古文化，視作中國考古學誕生始點。

↑《粵大記》古地圖（局部），當時已顯示有「屯門」的地名。

香港曾是珠江三角洲的製造中心？

上世紀 90 年代初期，在大嶼山白芒遺址出土了新石器時代晚期及春秋時期的環玦飾物作坊遺址，是廣東沿海首個被發掘的玉石作坊。遺址內發掘出土大量製作環玦玉器的加工工具，如石錘、鋸刀、各種不同粗細的礪石，另有環玦製品原料、粗坯、毛坯、半製成品、破損器物及少量完整器環玦飾物。由此推論春秋時期的香港一帶生產了大量的環玦玉器飾物，並曾遠銷到珠江三角洲及更寬廣的範圍。在東灣及龍鼓灘遺址亦有出土輪軸機械的軸承及石英環環芯，具有軸承的功能，也能見到香港製玉工藝之先進。

同時期的香港沒有出產銅、錫、鉛等原料礦物，因此青銅原料需要由內陸輸入香港，而香港則製作大量玉器作貨物交換，由此可推論出一條「以物易物」的貿易線——香港輸入原材料，再加工出口玉器。由於有這項獨特的發現，我們也可推論其時的香港是華南重要的玉器製造中心。

香港不是默默無名的漁村

秦始皇統一天下後，香港歷史便開始有較詳細文獻記錄。香港最早屬南海郡番禺縣管轄；到漢代，因為香港盛產海鹽，而鹽是重要的物資，漢武帝在番禺設鹽官，駐南頭，並派兵駐守香港地區。漢兵駐在今天的屯門一帶，「屯」是駐兵，「門」是門戶——珠江口的門戶。屯門在珠江邊上，交通方便，前有

大嶼山為其屏障，可避風；又有足夠的平地和食水，可住上千人，故屯門可說是漢代時期香港的中心。屯門龍鼓灘和掃管笏均出土過漢代戳印紋圖罐，而掃管笏還出土了半兩和五銖錢共六十多枚，由此推斷漢代已有士兵和官員駐紮在此，更可能是官府所在地。

那時的屯門不僅駐兵，也是香港的中心地帶，重要人物來港都是先到屯門的，地位就像 19 世紀中後期的港島，如孫中山等名人來香港也是主要在港島活動的。南北朝時，相傳來了一位「杯渡禪師」＊，這可算是香港史上第一位名人了。傳說杯渡禪師在 428 年南遊，曾住在屯門青山一帶。

到了唐代，屯門的大名更在「二十四史」的正史出現。《新唐書‧地理誌》有描述：「有府二：曰綏南、番禺；有經略軍，屯門鎮兵」，這是香港地名第一次在正史中出現。

古書所記載的「團門」、「段門」或「屯門山」都是指屯門一帶。公元 819 年（元和十四年），韓愈被貶為潮州刺史，相傳他曾於屯門山逗留，在《贈別元十八協律六首》中便有提及「屯門」的詩：

↑　韓愈

↑ 青山禪院杯渡禪師。

杯渡禪師:《高僧傳》記載有一僧人,有神力。當時的人不知他的姓名,但因他常在水中放木杯以泛行渡海,故此稱其為「杯渡」。

峽山逢颶風，雷電助撞捽。

乘潮簸扶胥，近岸指一髮。

兩岩雖云牢，木石互飛發。

屯門雖云高，亦映波浪沒。

可以說，從漢到唐的一千多年間，屯門是香港最重要的地方。

所以，下次介紹香港早期歷史時，我們可用三句概括：香港有七千多年歷史，早在新石器時代已是華南重要的製造中心，而屯門是香港歷史最悠久的中心區。

香港史在開埠前的分期（前 214－1842）

（一）按所屬縣劃分：

1. 番禺縣：公元前 214 至 331 年（545 年）
2. 寶安縣：331 年至 757 年（426 年）
3. 東莞縣：757 年至 1573 年（816 年）
4. 新安縣：1573 至 1842 年（269 年）

（二）根據經濟發展及社會特點劃分：

1. 駐軍；製鹽興起前：公元前 214 年至 971 年（1,185 年）
2. 製鹽；中原五大族開始南下：972 年至 1667 年（695 年）
3. 復界後；本客之爭：1668 年至 1842 年（174 年）

（三）根據政治特點劃分：

1. 行政建制和產業初盛：公元前 214 至 732 年（946 年）
2. 屯門設防和鹽業初盛：733 年至 972 年（238 年）
3. 大族南下和鹽業大盛：973 年至 1513 年（541 年）
4. 外擾遷界和本客形成：1514 年至 1842 年（328 年）

據傳唐憲宗元和十四年（819 年），韓愈因諫迎佛骨一事，被貶潮州任刺史，韓愈曾途經香港屯門，順道遊覽青山，並於山頂石崖上，題下「高山第一」四字，旁署「退之」二字。不過，據劉蜀永〈屯門青山源遠流長〉一文所述，韓愈是經內河赴潮州上任，並未經過青山；而香港大學許地山教授所考，「高山第一」是北宋鄧符協摹退之刻石。無論如何，該石刻有上千年歷史，是香港境內發現年代最久遠的文字石刻，自當無疑。

香港為甚麼會
這樣「香」？

今天的香港包括了香港島、九龍半島和新界，這個分域概念是在1898年《展拓香港界址專條》後才形成的。從1842到1898年，「香港」的概念不斷長大，從香港島南端的小村落，擴及香港島，再到九龍半島和新界，形成今天「大香港」的概念。在上一章我們知道香港地區原來的中心在屯門一帶，後來擴及新界與九龍，而1842年前的港島從來不是香港的中心。這一章說說在屯門「消」、香港「長」的背後，會有哪些歷史故事？

消長

#粵大記

#香江

#香港命名

#種香

#遷界

#莞香

#清泉

#新安縣圖

↑ 1869 年的香港海港。

↑《粵大記》提及「香港」的地圖。（重畫圖）

「香港」第一次在文獻出現

　　明萬曆二十三年（1595 年）郭棐的《粵大記》[*]附有一張
「廣東沿海圖」，首先顯示「香港」兩字的文獻。地圖中還有

《粵大記》：一書共計 32 卷，分〈事紀〉、〈科弟〉、〈宦績〉、〈獻征〉、〈政事等〉五類，介紹廣東人物 574 人，以及與廣東有關人物傳記 421 人。

今天的赤柱、尖沙嘴、將軍澳、葵涌等地方，而名叫「香港」的村落在今天港島的南端，位置在香港仔一帶。

香港名稱的由來

為甚麼在港島南邊的香港村會最終成了整個香港的名字呢？這裏面有兩個說法：

「莞香」[‧]說

明代至清初，石排灣一帶為莞香出口的港口，故得名「香港」，及後被用作全島的名字。香港境內的香料在瀝源堡（即沙田）出產，先運到尖沙嘴的草排村，再運至石排灣位置的港灣，經內河船轉運至廣州。後有淡水的客家人在當地定居，形成了「香港村」。清初，因新安縣沿海有「李萬榮之亂」，香港村村民修築圍牆作防衛。英軍測量官歌連臣（Thomas Bernard Collinson）於 1845 年曾造訪「香港圍村」，是現存最早的報道資料。

但「莞香」說有兩個問題：第一是香港地區的「莞香」早在清康熙後就沒落了。清政府要防衛南明鄭成功在沿海的攻

擊，下令沿海居民須遷入內陸五十里，影響所及，沙田的種香人亦流離失所。到了雍正年間，又因承旨在東莞採購異香不果，為免禍及自己，香戶人家盡斬香樹，莞香貿易自此一蹶不振。在清康熙六十年（1721 年）《大明一統山河圖》和清乾隆五十二年至嘉慶五年（1787 年至 1801 年）《海疆洋界形勢全圖》中，已找不到香港村；到乾隆年間，香港村都不見在地圖上。這是因為「莞香」貿易沒有了，香港村變回普通客家小村落。

第二，「石磚」 取代了「莞香」貿易，香港村一帶也有新的名字：「石牌灣」。早於乾隆三十六年（1771 年），已有客家石匠朱居元在石塘嘴定居的紀錄。他以打石為主業，石磚停放處便叫「石牌灣」，可能是石牌和石磚是排列擺放的，也可能是同音不同字的影響，「石牌灣」其後變成了「石排灣」。

「莞香」：從越南北部把香樹引入東莞繁殖，品種有沉香、雞骨香、雞舌香等，通稱「莞香」。全盛時期每年「莞香」貿易總額曾高達數萬兩銀錠。

石磚：香港島的土質，以火成岩的花崗石所構成，其中石塘嘴、水坑口和北角一帶的岩石特別多，是建屋的好材料。

Kau-chau

高洲

Green⁴

Sulphur Channel

West Pᵗ

Mount Davis

(1774)

V.

濤林扶

Pak-fu-

Sandy B.

Tai-ho-B.

1866 年的《新安縣全圖》地圖（局部）上，標示了「香港圍」的地方。
（圖片來源：*Xin'an Xian quan tu*, by Volonteri, Simeone (1831–1904)
National Library of Australia, nla.obj–231220841.）

Bealder P.

榕樹灣

大坪

Tai-ping

Yung-shü-wan

Tai-wan

Luk-chau

鹿洲

Lamma I.

called by Chinese - Pok-liu

薄寮

天環

蘆荻山

Lo-ts'z-shan

馬種

M

Shek-ku-wan

下樹

Yu

石牯灣

Tung-o

東澳

1140

中灣 Chung-wan 路帶群 Kun-tai-lu

Quarri B.

Kellets I.

Victoria

East P!

Tin-lung-chan

Ha-wan 下灣

Shau-ki-wan

Cathedral

S. John Cathedral

a Peak

overnor Palace

Wong-nai-chung

1375

1711

1104

Hong-kong I d.

1568

港 香

1430

1412

Heung-kong-wai

香港園

Aberdeen

Shek-pai wan

Heung-kong-wai

1417

Tai-tam-tuk

i-chau

7

927

4

12

Deep Bay

1260

赤柱

大潭 Tai-tam

10

Middle L.

Chak-chu

Round I.

Standl

563

Wong-ma-kok 王馬角

Bluffhead

　　喬治‧海特（George Hayter）於 1780 年繪製的《中國南海海圖》，首次標示了「Fan-chin-cheo or He-ong-kong」（泛春州或香港）於一個在大嶼山旁邊的島嶼上。「He-ong-kong」是客家話「香江」，香港村住的是客家人，他們對到訪的西方水手或貿易商人介紹自己村落山泉時，便可能會用到「香江」（He-ong-kong）一詞。從上文 1780 年的《中國南海海圖》可估計，在那段時間，西方航海家已把港島稱為「香江」。

↑《粵大記》上的「春花落」，即現青衣島。

1810 年英國東印度公司委託孟買海軍中尉羅斯（Daniel Ross）和莫恩（Philip Maughan）測繪的《澳門航道圖》（*Macao Roads*）沿岸圖，上有「紅江」二字。甚麼是「紅江」呢？據傳教士馬禮遜（Robert Morrison）《廣東省土話字彙》（*Vocabulary of the Canton Dialect*）一書，「Hong Kong」也被譯成「紅江」（見頁 37 圖）。以馬禮遜當時對廣東話的認知，「紅」應是好東西的意思，「紅江」就是「很好的江」，與「香江」的「香甜的水」意思接近。

← 馬禮遜牧師。
（圖片來源：英華書院校友會文物檔案組）

Fan–chin–cheo：「泛春州」是港島的別名，以「春」命名的島還有青衣，青衣在明代《粵大記》是叫「春花落」的。

《廣東省土話字彙》：初版於 1828 年在澳門出版，全書分三部分：英漢、漢英、詞語和片語，以漢字和羅馬註音，共六百多頁。

廣 東 省 土 話 字 彙

VOCABULARY

OF THE

CANTON DIALECT.

BY R. MORRISON, D. D.

PART. I.

ENGLISH AND CHINESE.

MACAO, CHINA.

PRINTED AT THE HONORABLE EAST INDIA COMPANY'S PRESS,

BY G. J. STEYN, AND BROTHER.

1828.

↑ 當時作為廣東話教材的《廣東省土話字彙》(*Vocabulary of the Canton Dialect*),是馬禮遜於 1828 年在澳門出版,全書共六百多頁。

殷實 Yin shat also denotes the possession of wealth; Substantial property, a person of, 殷戶 Yin oo. Substan-

HONG, merchants, 行商 Hong sheong.　　　　　　[tial door.

HONEY, 蜜糖 Mat tong.

HONEY COMB, 蜂房 Fung fong.

HONG KONG, Island, 紅江 Hung kong; The red river.

HOOK, a for hanging any thing on, 一個鈎 Yat ko kăw; or gäw. Fishing hook, 一個魚鈎 Yat ko yu tew.

HOOF, of a horse, 馬蹄 Ma tei.

HOOP, a, 一個箍 Yat ko foo,

HOOP, iron, 鐵箍 Teet foo.

HOPPO, 海關 Hoy kwan. His Excellency the Hoppo, 關部大人 Kwan pow tai yun.

HORN, utensils, 角器 Kok he. Horn lanterns, 明角燈 Ming kok tăng.

HORSE, 馬 Ma. A horse, 一隻 Yat chek; or 一疋馬 Yat păt ma: To ride on horseback, 騎馬 Kay ma. To gallop, 跑馬 Paou ma.

HOT, 熱 Eet, Hot water, 熱水 Eet shuy. Hot weather, 天氣熱 Teen he eet. To day is very hot, 今日實首熱 Kum yat shat shăw eet.

HORSEKEEPER, 馬夫 Ma foo; 體馬既人 Tei ma kay-yun.

「紅江」、「香江」可歸為「清泉」說，這種說法最早的提出時間，是來自英文雜誌《中國叢報》(*Chinese Repository*) 1843 年 8 月號記：

Hiáng-kiáng or HONGKONG —— " Fragrant Streams," is the proper name of one of the small streams on the south side of the island, and by foreigners has been given to the whole island.

（中譯：香港——Fragrant Streams，本是該島南部一條小溪的名字，外國人將其作為整個海島的名稱。）

清末學者王韜在《香港略論》說香港島：「山上多澗溪，名泉噴溢，活活聲盈耳，味甘冽異常，香港之名或以此歟？」許地山 也曾在《香港與九龍租借地史地探略》指出：「有（港）島上最大的瀧，瀧水注入海，成為小小的港口，海人愛那裏底水氣味甘香，往往汲水到船上去；於是那條小溪也得到香江底名稱。由香江注入海底港口也隨着被稱為香港了。」

我們認為「香港」名字源於「清泉」說，它能從云云的村落中走出，是西方人命名的「功勞」。從一個中國城市被西方的「命名」，也代表東西方力量在 19 世紀香港的「消長」。

↑ 許地山　　　　　　　↑ 王韜

許地山：台灣台南人，後落籍福建龍溪，20 世紀上半葉作家、學者。
1935 年出任香港大學中文系主任，改革了港大的中文教育。

chapter 03

尋找「香港人」

1842 年，英國人佔領港島時做了一次人口普查，當時港島人口是 7,450 人，到了 2017 年港島人口已增至 123 萬人了。綜觀香港人口發展歷史，主要人口都是由外地移民而來。這一章，我們尋找誰是香港人，也追尋香港的歷次移民，包括可能是最古老的香港人、現存最「古老」的原居民和移民，看看他們如何在不同時代來港，帶來了不同的文化和族群，並最終「融合」在香港人的身份上。

融合

香港人
原居民
南越
客家
水上人
福佬

↑ 攝於 1869 年的香港平民家庭照。

尋找最古老的香港人

　　在距今六千多年前，珠三角一帶已形成以水路為交通的文化經濟網絡，這個網絡甚至可擴及華南，考古人員在湖南高廟、深圳咸頭和香港深灣等遺址，都有挖掘出鳳鳥紋飾陶器，說明珠江口與長江流域的文化關係密切。所以，我們可以估計在新石器時期，香港先民大都來自環珠江口一帶。

　　公元前 214 年（秦始皇三十三年），秦始皇派駐尉屠睢率軍平定南越（今廣東、廣西），設象、南海、桂林三郡。香港地區屬南海郡番禺縣管轄，正式納入秦朝版圖。古代東南沿海地區為「百越」，香港先民應是「百越人」的一支。

　　秦二世胡亥在位期間，曾遣送 15,000 名沒有丈夫的女子到番禺，嫁給南海尉趙佗的駐軍將士為妻，這是廣東歷史上首次官方組織的大規模移民，也相信有部分移民及其後代南下香港地區。秦末漢初，趙佗繼任南海尉，他乘中原戰亂，據地自立，建立南越國，自稱「南越王」。其時的香港地區就在南越國內。

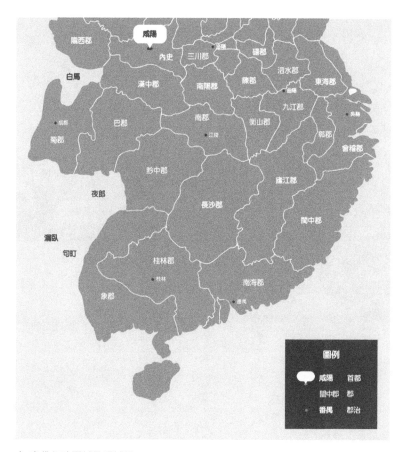

↑ 秦代行政區域及疆域圖。

在新石器時代，居民均崇拜鳳鳥和太陽，鳳更有「南方之鳥」的稱謂。
據香港中文大學中國考古藝術研究中心主任鄧聰教授的研究，刻有鳳
鳥紋的文物顯示香港與深圳，甚至湖南有一定的連繫。這三地出土的
鳥紋陶器，有的展現鳳鳥振翅、有的是鳳鳥飛翔的形態，都是環珠江
口的獨特體系。

夜郎　　　　　　　　長沙國

句町　　　　　　　　　　　　　　　　　閩越

桂林郡　　　陽山關　　　龍川縣

蒼梧　　　四會縣　　南海郡　　揭陽縣

布山縣　　　　番禺縣　博羅縣

西甌　　　南越國

象郡　　　横浦關

↑ 南越國建國初期疆域圖。

現存最古老的原居民 ── 「本地」人

　　1895 年，曾在香港政府任職的歐德禮（E. J. Eitel）出
版了《歐西與中土》（*Europe in China*）一書，他將在香港
島和九龍居住的中國人分成三個種族（races），即「本地」

(Puntis)、「客家」(Hakkas) 和「鶴佬」[*] (Hoklos)。在正式佔領新界前,輔政司駱克(Stewart Lockhart)勘查新界地區並提交報告,將華人居民根據語言劃分為三個族群:「本地」、「客家」與「蜑家」(即水上人),並且仔細地統計和記錄了各村落的人口組成。

於北宋年間來港的「本地」人,居港已近千年,是迄今可考的最古老的原居民。以新界五大族為例,原籍江西的錦田大族鄧氏的先祖鄧符協於北宋初年南下遷入元朗錦田;同是原籍江西的文天瑞於南宋末年逃避元兵移居東莞,後人文蔭遷至大埔;上水廖氏原籍福建,廖仲傑於元末初居屯門,再遷福田,至元代末年三遷上水;同是上水的侯氏原籍廣東番禺,後遷至上水河上鄉;粉嶺彭氏原籍江西,南宋時遷居粉嶺龍躍頭一帶。

鶴佬:又稱「學佬」、「福佬」、「河洛」。原意是指閩南人,但在香港更多是操閩南話的族群,如福建人、潮州人,因為閩南語的「福」字發音與粵語的「鶴」字發音相近,故港人稱他們為「鶴佬」。

「本地」人祖籍一般是江西、廣東、福建，他們帶來了宋代的官話，並與周邊的東莞、廣州人接觸、通婚，逐漸形成類似廣府話的土粵語方言，一般稱為「圍頭話」。總括而言，他們的語言風俗習慣跟珠江三角洲的廣府人相差不大。由於早來的關係，他們選擇居住的大都是肥沃的土地，主要在元朗上水一帶。

新界五大族

	鄧氏	侯氏	彭氏	廖氏	文氏
原居地	江西	廣東番禺	江西	福建	江西
移居香港年份	北宋初年(1069 年)	北宋末年(1127 年)	南宋(1183 年)	元朝末年(1350 年)	明朝初年(1444 年)
聚居地	元朗、錦田、粉嶺及大埔	上水河上鄉	粉嶺	上水	新田
開村祖先	鄧符協	侯五郎	彭桂	廖仲傑	文孟常

現存最古老的移民 ── 「客家」人

　　因鄭成功不斷侵擾沿海，清順治十八年（1661 年）清廷頒發「遷界令」＊，令山東至廣東沿海五省居民內遷五十里。香

港所處的新安縣人口因此大減，康熙五年（1666 年）一度廢新安縣，併入東莞縣。康熙二十二年（1683 年）平定台灣，隔年頒「復界令」，並恢復新安縣。其時新安縣人口不足二百人，於是，政府把原居梅州、潮州、惠州地區的「客家」人搬進入珠江三角洲。到嘉慶二十三年（1818 年），新安縣人口已達 225,979 人。

「客家」人祖先主要是在清康熙「復界」時，從粵東的五華、興寧和梅縣等地方遷移過來的。他們居港接近三百年，避開了「本地」人已佔據的肥沃平原，在港九新界較邊緣貧瘠的地區耕種，範圍從西貢、坑口、荃灣，一直延伸到九龍，19 世紀晚期到達了長洲，「客家」村 遍佈香港的每個角落。「客家」話是漢藏語系下漢語族內一種聲調語言，在南宋初步定型，和廣府話差別甚大，兩者基本無法溝通。

屈大均在《廣東新語》細說廣東地區面對「遷界令」的苦況：「東起大虎門，西迄防城，地方三千餘里，以為大界。民有闌出咫尺者執而誅戮。而民之以誤出牆外死者又不知幾何萬矣。自有粵東以來，生靈之禍莫慘於此。」

康熙版《新安縣志》有「客籍」村落 14 座，嘉慶版《新安縣志》有「客籍」詳列了 194 座，增加了近 13 倍。香港其他的村落「管屬」則是從 80 座增多了 220 座，達到 300 座，只增加近三倍。

↑ 嘉慶時期《新安縣志》中所載地圖。

↑ 元朗客家楊家村正門不是正向，而是對著屋主的家鄉：梅州。

「本地」人和「客家」人在歷史淵源、語言、風俗和地理上南轅北轍，建築、服飾、飲食和一些節日習俗方面也有明顯差別。在過去幾百年間，兩個群體之間很少通婚。「客家」人數眾多，村落間多以「客家」話溝通，既沒有被「本地」人同化，又和「本地」人互相防範，遂建立了強烈的身份認同和守土意識。

　　香港政府在 1911 年的人口普查顯示，當時香港共有 444,664 人，而族群之分變成了「本地」、「客家」和福佬，水上人因人口不多而併入福佬（閩南）中。

1911 年香港人口普查

方言 / 地區	香港島 及九龍	新界北區 （大帽山及九 龍群山以北）	新界南區 （新九龍、荃 灣及離島）	總數	百分比
「本地」	311,992	31,595	16,395	359,982	81 %
「客家」	22,822	37,053	7,321	67,196	15.1%
福佬	6,949	75	1,369	8,393	1.9 %
其他	2,864	124	————	2,988	0.7 %
未提供	5,791	275	39	6,105	1.3 %

＊ 資料出處：劉義章《香港客家》（廣州：廣西師範大學出版社，2005 年），頁 50。

　　絕大多數的香港人是在不同的歷史時期從內地遷港的。據 1841 年香港島有 7,450 人，1860 年增至近 12 萬人，1902 年更達 36 萬餘人。日本佔領期間，許多人遷到內地或在戰爭中

↑ 客家村曾大屋最高的三叉頂飾，本是農具，現放在樓
　房之上，可作防盜之用。

↑ 梅窩的袁氏更樓，袁氏是來自五華客家石匠。

傷亡，1945 年僅餘 60 萬人。然而之後的內戰使大批人遷至香港，1950 年回升至 236 萬人。1961 年超過 300 萬人、1980 年超過 500 萬人，到 2019 年人口已達 750 萬人。

所以，香港不僅絕大多數人口都是移民及其後代，而且主要是在二戰後移居到此地。「香港人」是從不同年代、不同地方的移民「融合」出來的。👤

鞭子、牢獄和問吊

1841 年 1 月 25 日，英國軍艦在香港島西北角登陸，舉行升旗儀式，並將登陸點命名為「佔領角」（Possession point，華人稱其為「大笪地」，即今天的上環水坑口街）。香港為英國佔領，歷史掀開了新的一頁。

在香港成為英國殖民地後，港英政府發現香港並不容易統治，初期治安問題一直困擾着港英政府，他們引入了各式嚴刑峻法來應對。這一章，我們談談早期英國人在港島上的「荒誕」統治。

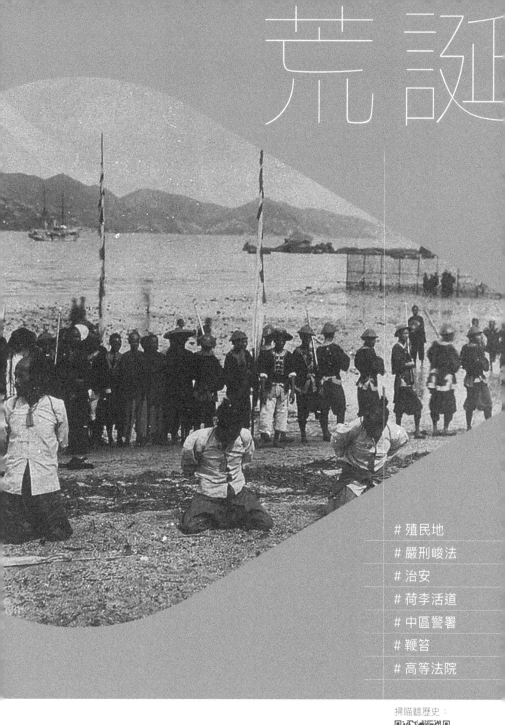

荒誕

殖民地

嚴刑峻法

治安

荷李活道

中區警署

鞭笞

高等法院

↑ 1891 年，五名被補的海盜正等待處決。

掃瞄聽歷史：

　　1841 年 5 月 15 日，香港政府公佈了首份人口統計資料，詳列了各區的人口分佈情況。首先，香港島的總人口是 7,450 人，分佈在赤柱、香港村、黃泥涌等有 4,350 人，他們基本上是英國佔領前的陸上原住民。另外以舟船為家的水上人佔 2,000，來自九龍的勞工 300 人，聚居港島北岸商貿市場的有 800 人。其時的赤柱、筲箕灣人口最多，分別為 2,000 人和 1,200 人。赤柱是全島最具規模的村落，共有房屋店舖 180 餘間，並常有 350 多艘大小船隻縱橫其中。

大英國駐華全權欽使兼商務總監查爾士義律，駐遠東艦隊支隊司令伯麥為出示曉諭

事：

照得本使大臣奉命為英國善定事宜，經與大清國欽差大臣爵閣部堂琦，業有文據在案。凡爾香港居民，歸順英國為女皇之赤子，自應恭順守法，勉為良民。而爾等居民亦得以英女皇名義享受英國官吏之保護，一切禮教儀式風俗習慣及私有合法財產權益，概准仍舊自由專用。官廳執政治民，概依中國法律風俗習慣辦理。但廢除各種拷刑，並准各鄉者老秉承英國官吏意旨管轄居民，仍候國主裁奪。凡爾居民，苟有受英人或其他外國人所凌虐及不法待遇者，得赴就近官秘密稟告，定即查辦，代爾伸雪。凡屬華商與中國船舶來港貿易，一律特計免納任何費用賦稅。關後如有關於爾等華人各事宜，將隨時曉示恪遵。各鄉者老愿切實負責約束鄉民，服從官憲命令，切切毋違。特示。

大英國一八四一年二月一日

大清道光廿一年辛丑正月初十日印

↑ 1841 年 1 月 26 日，海軍准將伯麥在香港島水坑口登陸，2 月 1 日出檄安民。

The list is as follows, the names being written as they are pronounced on the spot.

No. 3.

	Population
Chek-chu, 赤柱 the capital, a large town.	2000
Heongkong, 香港 A large fishing village.	200
Wong-nei-chung, 黃坭涌 An agricultural village.	300
Kung-lam' 公岩 Stone-quarry—Poor village.	200
Shek-lup, 石凹 Do. Do.	150
Soo-ke-wan, 掃箕灣 Do. Large village.*	1200
Tai-shek-ha, 大石下 Stone quarry, a hamlet,	20
Kwun-tai-loo, 群大路 Fishing village.	50
Soo-koon-poo, 掃竿浦 A hamlet.	10
Hung-heong-loo, 紅香爐 Hamlet.	50
Sai-wan, 柴灣 Hamlet.	30
Tai long, 大浪 Fishing hamlet.	5
Too-te-wan, 土地灣 Stone quarry, a hamlet.	60
Tai-tam, 大潭 Hamlet, near Tytam bay.	20
Soo-koo-wan, 索鼓灣 Hamlet.	30
Shek-tong-chuy, 石塘嘴 Stone-quarry. Hamlet.	25
Chun-hum, 春坎 Deserted fishing hamlet.	00
Tseen-suy-wan, 淺水灣 Do.	00
Sum-suy-wan, 深水灣 Do.	00
Shek-pae, 石牌 Do.	00
	4350
In the Bazaar.	800
In the Boats,	2000
Laborers from Kowlung.	300
Actual present population.	7,450

↑ 1841 年《中國叢報》所載香港島人口統計資料。

不忍卒睹的治安政策

　　1846 年 8 月，倫敦的《經濟學人》（*The Economist*）雜誌描繪在港的外國人：「香港現在甚麼都不是，只是一些鴉片私梟、土兵、官員和軍艦水手的補給站。」中國政府多方禁止富人進入香港，同時，港英殖民地官員更相信中國政府有意鼓勵流浪者、無業漢和犯人到香港「謀生」。

　　香港開埠之初，港府即委任軍官威廉‧堅（William Caine）為首席裁判官兼警察首長。1843 年 6 月，警隊的首次招募共有 28 名警察履職；到 1849 年，全港已有警察 128 人，初期以歐籍或印度警員為主。

↑　香港首位首席裁判官兼警察首長威廉‧堅。

然而這些警察大多是品行不端而被淘汰的士兵和水手，或是流連於太平洋各碼頭的無業遊民。早期的警察擅長為非作歹、貪污受賄、敲詐勒索。James William Norton-Kyshe 的《香港法律與法院史》（*The History of the Laws and Courts of Hong-Kong*）一書慨嘆道：「不能設想還有比香港警察更壞的警察。」

早期殖民政府採用了不少嚴厲手段來管治，如公開並且大規模使用鞭笞。

John M. Carroll, *A Concise History of Hong Kong* (Hong Kong: Hong Kong University Press, 2007) p.20。另參考 George Smith, "A Narrative of an Exploratory Visit to Each of the Consular Cities of China," cited in Anthony Sweeting, *Education in Hong Kong, Pre-1841 to 1941, Fact and Opinion* (Hong Kong: Hong Kong University Press, 1990)。

英國佔領香港島後，威廉‧堅於 1841 年成為香港政府首任裁判官，於三年後建立香港警察隊，並且兼辦監獄事務，直至於 1859 年 9 月離任，共歷五朝香港總督及副香港總督。

Hongkong

No. 52.

約 1915 年位於中環的域多利監獄。
（圖片來源：許日彤）

Victoria Gaol

1950年.　油蔴地差館內

↑ 1950 年，原為東江中隊成員的大埔客家人李志應，戰後復員成為了香港警察。這反映了港英殖民政府統治香港的特點，就是根據不同時代的管治對象，任用不同的人來執法。開埠之初以印度人為警察，幫助管治華人；戰後新界客家人勢力興起，又「以客制客」，引入客籍警察。

↑ 圖為 1897 年位於港島荷李活道的中區警署※舉行警隊大會操，慶祝維多利亞女皇登基鑽禧。參與會操的人士，包括歐籍、華籍和印籍的警員，遠處後排還有六名騎警。(圖片來源：高添強)

中區警署：落成於 1864 年。當時市民習慣稱警署為「差館」，而中區警署是警隊總部，故一般稱為「大館」，以突顯其作為警察總部的特色。

最早的鞭笞只用在監獄中，但不久卻由監獄走進社會，成為治安管理方法。港督麥當奴（Sir Richard Graves MacDonnell）便曾鼓勵警察公開鞭打華人，警察幾乎每天都在皇后大道鞭打華人。1871 年更變本加厲，規定每周三為「鞭笞日」（Flogging Day），警察定期在船政廳署附近廣場（在今中環一帶）鞭打華人。有些路經香港的內地人，也被當作身份不明的游民捉去處以鞭刑。據《香港法律與法院史》記錄，警察對華人濫施鞭刑，「幾乎達到難以想像的程度。只要查一查巡理府法院的案卷即可看出，香港的鞭刑按人口比例大概比世界上任何地方都多」。

第二是濫捕。當時濫捕華人的現象嚴重，有大批華人因小事（如小販沿街叫賣、走近軍事要地等）被投入獄中，其時在囚達三四千人，比對香港人口，這監犯比例不可謂不高。濫捕的結果是監獄不敷應用，狹小的牢房常關押了百餘人，新犯人被打被搶不是新鮮事；由於過度擁擠，偏又氣候炎熱，獄中衛生環境非常惡劣。1860 年香港總醫官在年度報告中說：「獄中臭氣薰天，擠滿了上頭鐐的犯人，這種上鐐的方式將使人終身致殘。」

第三是死刑的濫用。1852 年，英倫三島人口為 2,100 萬人，香港人口僅有 12 萬人，遠不及英國百分之一，但判處死刑的人數卻多達英國死刑人數二分之一。當時死刑以公開處決方式執行，港督麥當奴更強調這樣做的「必要」，堅持嚴刑峻法可安定香港。日後的港督軒尼詩（Sir John Pope

Hennessy) 反對公開處決，指出在英國殖民地中，只有香港一地採取公開處決的野蠻措施。不過，因其他官員認為可收阻嚇作用，公開處決要到 1895 年以後才改在獄中執行。

↑ 港督軒尼詩

荒誕不經的法院

　　法院是治安工作的核心，是審理刑事及民事案件的場所，它的地位和政府不遑多讓。不過，香港法院初立，問題不斷。首先，高等法院是香港殖民時期最高的司法機構，並一度成為英國在華的司法中心，本應是威望極高的象徵，可 1863 年《泰晤士報》（*The Times*）對高等法院評價甚低：「香港高等法院是東方的最大公害……它作出的判決，有時不公平到令人難以置信的地步，只宜當它們作笑話看待，而不宜就它們作嚴肅的討論，只要存在這一種裁判權，我們就無權對中國人或日本人談文明和公正！」原因是港督權力獨大，而香港的最大目的是建立英國在華的貿易點，並鞏固對華的鴉片貿易，故早期高等法院的主要工作，是保護英商的利益，而非建立公平公正的審判環境。1846 年 7 月，廣州有英國商人毆打攤販、搗毀貨品，造成數萬元損失，高等法院居然只處罰該商人 200 元了事。1851 年，高等法院又判一個殺人搶貨的英國海盜頭目無罪釋放，引起曾被該海盜劫船並有人員死傷的葡萄牙人十分不滿，他們通過里斯本的傳媒到英國的議院投訴，在葡萄牙政府介入事件一個月後，高等法院才輕判該海盜入獄三年。

　　1841 年，為取得一個由英國人自行管治，可作貿易、外交和駐軍的地方，英國正式殖民香港。在殖民管治之初，英國人只求維持簡單粗暴的秩序，於是，各種的嚴刑峻法配合荒誕的法院判決成了「荒誕」的統治。👤

A HONG KONG CHAIR

↑ 這是一幅 1873 年的木刻畫，雕刻了香港街頭的景象：花轎車伕抽着煙斗，坐在路旁等待客人，路旁還站着其他優哉游哉或是游手好閒的華人。這反映了當時外國人對華人的一種獵奇式視角：抽煙、懶散和屬於低下階層。

（圖片來源：Two men sitting with a sedan chair in a Hong Kong street waiting for custom, one smokes his pipe. Wood engraving by J.C. after J. Thomson. Wellcome Collection. Public Domain Mark.）

「荒誕」──鞭子、牢獄和問吊

從歧視到站起
——華人的 40 年

1841年，英國佔領香港，並在翌年通過《南京條約》正式殖民香港，在最早三十年英國的治港方針是以歧視華人為主的「華洋分隔」。直到東華醫院成立的1870年，才標誌以商人為代表的華人精英站起來，港英的統治也轉向「以華治華」。這一章我們談談華人「重生」的故事。

圖片來源
The Chinese town, West Point, Hong Kong. Photograph by W.P. Floyd, ca. 1873. Wellcome Collection. Public Domain Mark.

重生

- # 華洋分隔
- # 鞭笞
- # 宵禁
- # 半山
- # 太平山區
- # 荷李活道
- # 文武廟
- # 廣福義祠

掃瞄聽歷史：

↑ 位處香港島西北岸的水坑口（今荷李活道公園一帶），是以往華人聚居地。

華洋分隔由歧視開始

　　1842 年，港英政府早期在港推行種族隔離、分區而居的政策，使華人與歐人的地位、權益都涇渭分明。歐人社會以英國人為主體，連同來自西方國家的其他居民，分佈在香港政府部門、司法機關、商業和金融等領域。華人社會則主要由港島原住民與開埠後的廣東移民組成，大多為從事簡單體力勞動的苦力或僕役。據 1841 年 5 月 15 日的《香港公報》第二期所記載，華人主要可分為漁民、農民及打石工人三大類。1841 年的《香港政府年報》，開埠初期的華人在英國官員眼中是社會底下層，遷徙而不會長居，陋習頗多，如「搶掠」(predatory) 和「不檢點的」(profligate)。據庫務司馬丁 (Robert Montgomery Martin) 所記：「經過三年半不斷開拓，島上連一個有體面的華人居民都找不到。」《政府藍皮書》對有學識的華人教師，評價也不高：「在工作中睡覺」、「不衛生」、「好賭」、「吸大煙」和熱衷「看手相」等。

　　政府對華人的態度是歧視和防範，華洋差別對待。首任港督砵甸乍 (Sir Henry Pottinger) 奉行歧視華人的政策，刑罰上，在「大笪地」對華人公開執行鞭笞酷刑，並沿用清政府的某些肉刑，專用於華人，如鞭笞、烙刑、穿枷等。社會生活上，華人活動受種種限制：1842 年頒佈的「宵禁令」，以「盜賊橫行為由」，規定華人晚上外出須攜帶油燈、燈籠或通行證，並禁止華人在晚上 11 點以後外出，變相將整個華人社會當作嫌疑犯來防範。

↑ 1890 年代的灣仔貨倉區，當時本地華人亦曾薙髮留辮，服飾以至生活習慣仍
　以傳統為主。
（圖片來源：許日彤）

↑ 首任港督砵甸乍。

居住上亦有嚴格劃分華洋界線，採用隔離政策，劃半山以至山頂為歐人居住的地域，華人多聚居上市場（太平山區）、中市場（中環街市對上山坡）及下市場（蘇杭街一帶）。

政治上，華人更是被排斥於政府機構之外，長期被剝奪參與管理的權利。行政局（初稱議政局）、立法局（初稱定例局）由英人獨佔，華人則沒有代表。

1843 年，港府重新規劃土地用途，將中市場的華人遷到太平山區，進一步隔離華人與歐籍人士的接觸，以便管治。

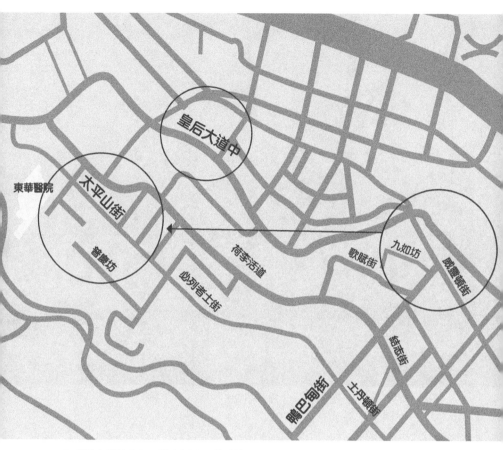

↑ 香港在開埠之初，港府採用隔離政策，劃半山以至山頂為歐人居住的地域，華
人多聚居上市場（太平山區）、中市場（中環街市對上山坡）及下市場（蘇杭街
一帶）。1843 年，港府重新規劃土地用途，遷中市場的華人到太平山區，隔離
華人與歐籍人士的接觸，以便管治。

↑ 圖中的西式洋房為當年歐籍人士專屬高級住宅，華人莫能問津。
（圖片來源：許日彤）

　　當時的華人多居住在兩層高唐樓中，每層面積約 50－60 平方米，上層房間無窗，可塞滿 50 到 60 人。當時英國醫生的評價是「華人的住屋環境連養豬都不適宜」。旅港的《循環日報》創辦人王韜則形容：「華民所居者率多小如蝸居，密若蜂房……一屋中多者至七、八家，少亦二、三家，同居異

炊⋯⋯有若蠶之在繭⋯⋯非復人類所居⋯⋯」更有打油詩一首，諷刺當時華人的居住環境又小又貴，且油煙蚊蟲滿佈：

> 一家四人臥床無一瘳，
> 半椽矮屋月費錢半萬，
> 風逼炊煙入戶難開眸，
> 木中蟻虱嚙人若錐利。

除了居住和法律上的歧視，長期在傳統中國社會生活的華人對英國制度也多水土不服。就以宣誓為例，華人宣誓方式多樣，頗有地方特色，除了燒黃紙*或斬雞頭*外，尚有在文武廟或天后廟舉行，有些時候，甚至會「請」天后和關公到法庭助陣。

燒黃紙：起誓者要燒一張約八寸乘六寸的黃色祭神紙，紙上通常寫有宣誓者的名字及日期，宣誓者要在法庭把黃紙燒掉，表示自己不作謊言。

斬雞頭：本是水上人家儀式，任何糾纏不清的錢債、人事、爭吵，如果涉事雙方都不想到官府裁判，多會用斬雞頭的來解決，以表示自己清白可信，在開埠初期，法院曾將斬雞頭列入有效的宣誓方法之一。

↑ 文武廟在過去曾是解決各式糾紛的地方，地位堪比法院。
（圖片來源：高添強）

華人從商業到政治的崛起

到 19 世紀六七十年代，香港的轉口貿易港地位使華人經濟力量大幅增長，華商由此崛起。1881 年，香港納稅最多的頭 20 人中，華人就佔了 17 名。實力較強的華商逐漸控制原屬歐人的物業和貿易，並走進歐人專屬商業區及居住區。

1869 年 4 月 22 日，署理總登記官李思達（Alfred Lister）巡視位於太平山區的廣福義祠，發現該處衛生惡劣，遂引發「義祠醜聞」，輿論大譁。政府逼於壓力，遂在 1869 年成立由 20 名華人組成的醫院委員會，並於 1870 年通過《華人醫院則例》，同年建立華人慈善醫院——東華醫院。

1873 年，《循環日報》的創立更使華人有了輿論陣地。同時，華人萌發參政意識，爭取享有應有的政治權利。

1873 年，華人要求成立華人市政局，由每區各舉兩名華人組成，負責就華人問題向華民政務司提出建議。1881 年，香港立法局通過《修正刑罰條例》，規定廢除流刑和烙刑，禁止公開鞭笞。九尾鞭在背上抽打改為用藤鞭在臀上抽打，且不得在同一罪犯身上連續多次鞭笞。

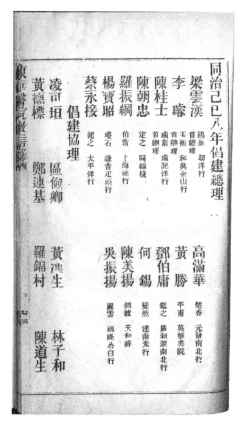

↑ 1869 年，倡建東華醫院的華人精英名冊。
（圖片來源：英華書院校友會文物檔案組）

「義祠醜聞」：李思達發現義祠衛生情況欠佳，尿跡處處；沒有窗口，只靠一扇門通風。入住的病人大多衣衫襤褸，沒有衣服可以更換。放置屍體的地方，卻發現仍有生存者。有一位病人腹瀉未停，卻只能躺在一處無可伸展的地方等待救援。這些發現成香港的重大醜聞。

↑ 自 1872 年東華醫院正式落成啟用後，救災治病無數。圖為 20 世紀初的「東華新院」，是為東華醫院的擴建部分，足見醫院規模之大。
（圖片來源：東華三院）

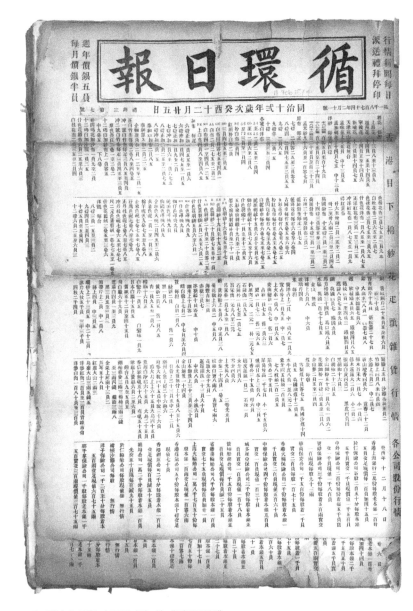

↑ 同治十二年（1873 年）的《循環日報》。

1877 年 5 月 28 日，港督軒尼詩在「香港文官任命備忘錄」中宣佈，除年齡、身體、人品及知識、能力的規定外，不論種族，香港任何年青人均可參與文官考試。為加強港府與華人的溝通與聯繫，政府公報開始發行中、英文兩個版本，並將中文水準作為港府官員升遷的一個重要因素。1880 年 2 月 19 日，伍廷芳˙成為立法局臨時議員，是歷史上的第一位立法局華人議員。

　　1877 年，行政局通過決議，允許華人在皇后道、雲咸街、荷李活道與鴨巴甸街的地區內自建中式樓宇。華人勢力終得以向維多利亞城中心擴展。👤

伍廷芳：祖籍中國廣東新會，生於南洋的英屬馬六甲。清末民初外交家、法學家、書法家。他是首位取得外國律師資格的華人，也是香港首名華人大律師和首名華人立法局議員。後於內地從政，是近代有名的政治家，官至中華民國外交總長。

↑ 曾任洋務委員的伍廷芳。
（圖片來源：Library of Congress, Prints and
Photographs Division, [reproduction number, LC-
USZ62-40251 (b&w film copy neg.)] (http://hdl.loc.
gov/loc.pnp/pp.print)

↑ 華人社會精英、紳商名流的稀有合影，當中有何東爵士、馮秉芬、鄧肇堅、
　顏成坤、胡百全等。
　（圖片來源：許日彤）

小香港曾改變大世界

在正式成為英國殖民地後，香港成了東亞最西化和現代化的城市，並多次為東亞國家借鑑，加速了現代化進程。既是明治維新學習西方的知識啟蒙，又是孫中山的革命啟蒙，並且為改革開放提供了市場經濟模式的啟蒙。這一章，我們說說香港在近代史上三次重要「啟蒙」。

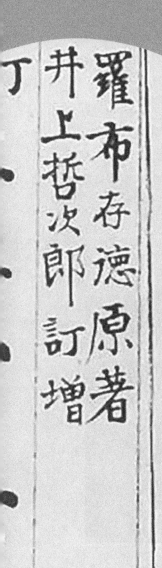

啟蒙

明治維新
辛亥革命
英華書院
遐邇貫珍
英華字典
孫中山
香港大學
改革開放

↑由英華書院出版的《英華字典》，對當時的中英文化交流起了非常大的作用。

從香港出發的明治維新

　　香港是最早發展新式教育的東亞城市，西方書籍和外國知識不斷傳入，本地出版的報章、雜誌以及各種圖書亦逐漸蓬勃，促進了廣州、上海等城市的文化活動，對鄰近國家如琉球、日本也產生了積極的影響。1868 年，日本結束了數百年的幕府統治，明治天皇開展了全方位改革，香港擔當了現代知識傳播的角色。

↑ 香港開埠以後，不少日本人到港謀生從事飲食和娛樂業，圖為日本人到照相館拍照。
（圖片來源：Japan: men and women in traditional dress sharing a meal and playing musical instruments. Coloured photograph by Felice Beato, ca. 1868.）

1850 年代的港島還是一個小城市，但已薈萃了中英語言皆通的傳教士。以「黑船來航」※為例，培理（Matthew Calbraith Perry）從香港出發前，鑒於此前翻譯人員並不稱職，特邀精通英、漢和日語的傳教士威廉士（S.W. Williams）任翻譯，威廉士帶同廣東人羅森一起到日本，他們直接參與了日本和美國修訂條約的工作，可以說來自香港的翻譯參與了日本幕府統治結束、維新開始的故事。

Figure 1. Kantonjin Ra Shin. Source: Hibata Ōsuke, *Beikoku shisetsu Perī teitoku raichō zue* (Yoshida Ichirō, 1931).

↑ 在《美利堅人應接之圖》中，一個戴着瓜皮帽、拖着長辮子的中國人在一群外國人中特別顯眼，有，畫像旁邊寫着「清國人羅森」。
（圖片來源：侯清儀）

黑船來航：日本嘉永六年（1853 年）美國海軍准將培理率艦隊駛入江戶灣的事件，船隻被塗上有防止生鏽的黑色柏油，被日本人稱為「黑船」。培理帶着美國總統米勒德．菲爾莫爾的國書向江戶幕府致意，最後雙方於次年（1854 年）簽定《神奈川條約》（《日美和親條約》）。

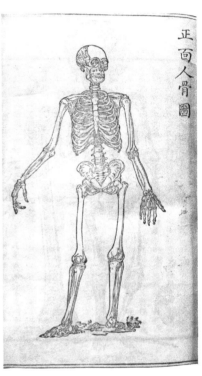

↑→《遐邇貫珍》及其內容。
　　（圖片來源：英華書院校友會文物檔案組）

來生徒不須修金即米飯亦是本書院所出唐人子弟多且大也頻年每有豐裕之家欲送其子姪入院習學情願補回米飯者可想其書院之設其有禪於唐人之後生小子者確有實徵援之與人爲善之初心差堪少慰也茲擬於乙卯年正月新收門徒故預爲偏告如有欲其子弟入院習學者可及早來院面議可也

耶穌降生一千八百五十五年正月初一日英華書院司事人理　謹白

英華月份牌告帖

現在阿理活街英華書院之印字局印就本年月份牌此牌月日與唐英較對無訛甚便省覽每張紙取回工本錢一百文而已

耶穌降生一千八百五十五年正月初一日英華書院印字局　謹白

火船往來省城澳門香港告帖

茲者香港司東蒲火船公局之管事或架故白自今年十月十二日起每禮拜

二禮拜四禮拜六有火船來往省禮拜二由港往省船經澳必拋泊一刻然後直往禮拜六由省來港經澳亦然因每欲船快行到埠而湖水消長無時故不能每日定實某時開行爲例本局所以于開行之先一日或聲明于新聞紙內或別用方法以白其開行時候于衆○搭客水脚銀一照舊例船面遮帳甚便搭客○此船虛闊能裝載粗重之貨取銀極便宜欲寄貨者宜細面議如有欲寄貨物請火船暫泊金星門土貨者亦可。

火船晏告帖

茲有暗輪火船名晏者二百四十墩大乃担保之人嘗驗其堅固便捷無慮者也自今年八月起來往省城黃埔澳門金星門等處茲擬定搭客水脚價銀膳列于後以便客商知悉○凡由港往省由澳來港上等客艙收銀五員次等者收銀三員如客欲○禮拜內同半來往一次頭收上等客艙銀八員次等者六員有票執爲記○凡由港往省由省來港上等客艙者收銀八員次等者

咸豐甲寅十一月十三日　謹白

自國門打開後，最初來港的日人大部分都會指定要到英華書院*參觀。當時的英華書院出版的書刊達到了七十餘種，其中對了解西學貢獻最多的，要數《遐邇貫珍》(*Chinese Serial*)。《遐邇貫珍》以中文寫成，內容的重心是介紹西學和西方文明。創刊號的序言就介紹到它的版面是由報道、喻言、近日雜報等幾個部分組成。對西洋文明的介紹，最初以政治、歷史以及歐美國家的各項先進制度為中心，後來則主要偏向於介紹西醫學、地質地理學、動物學、化學。日本幕府末期的很多開明人士爭相購閱《遐邇貫珍》，開拓了日本精英的視野，對民智的啟迪起到了非常重要的作用，

此外，因遭清廷通緝而流亡香港的王韜，其所著的《普法戰紀》是第一本以中文撰寫的西洋史著作，在日本引起很大反響。1874 年他在香港創辦《循環日報》，每日發表論說，後來亦受邀請到日本訪問長達四個月。

由英華書院編譯的中英雙語對照教科書《智環啟蒙塾課初步》也在日本多次重印、改編，還有插圖本和日本翻譯本等等。傳教士羅存德 (W. Lobscheid) 在港編撰的雙語辭書《英華字典》*在日本得到極大推崇，對日本詞典中譯詞的形成起着決定性的作用。

日本學者實藤惠秀的《中國人日本留學史》列出「中國人承認來自日語的現代漢語詞彙」一覽表，總共有 869 個詞彙。不過，當中的 166 個詞彙實際是從《英華字典》傳入日本的，

如再加上《遐邇貫珍》和《智環啟蒙塾課初步》，合計有約二百多個詞彙在成為日語前已在香港的雜誌書刊出現了，可從此一例看到香港對明治維新的影響。

英華書院：香港現存歷史最悠久的學校，馬禮遜牧師初辦於馬六甲，後遷到港。當時的英華書院除了教學外，還設置了印刷所，出版的書刊如《察世俗每月統記傳》、《天下新聞》以及英文季刊《印中搜聞》、麥都思的《地理便童略傳》和《東西史記和合》、米憐撰寫的《全地萬國紀略》、新版的《聖經》中文版本、《新約全書》、《舊約全書》、理雅各等傳教士們翻譯的《中國經籍》等。這些書刊對中西方的相互了解，貢獻殊多，

《英華字典》出版之後，日本首相伊藤博文創立日本銀行之際一時想不到英文「Bank」的譯法，於是拿起《英華字典》翻閱詞條。看到可以翻譯為「錢莊」、「銀鋪」、「銀行」，他終採用了「銀行」一詞，日本帝國銀行就這樣定名了。

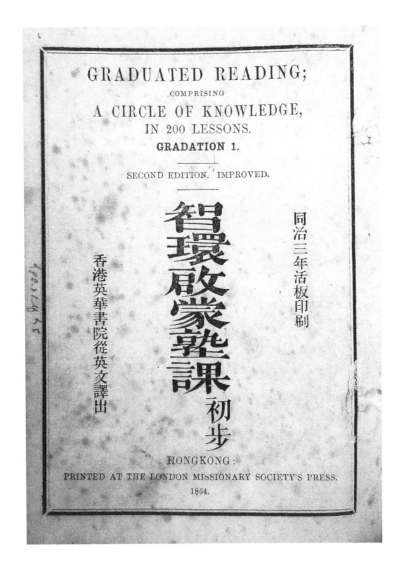

↑→ 1856 年，英華書院校長理雅各（James Legge）編譯出版了《智環啟
蒙塾課初步》中英雙語教科書，內容涵蓋天文地理、政治經濟，儼然一
部小「百科全書」。這書日後成日本知識階層主要的知識來源，福澤諭吉
和很多日本啟蒙思想家都曾通過《智環啟蒙》學習英語。
（圖片來源：英華書院校友會文物檔案組）

THE
CIRCLE OF KNOWLEDGE.
GRADATION 1.

SECTION I.—INTRODUCTORY.
Lesson 1. *Objects.*

A stone, a book, a tree, a bird, a horse, a pin, a leaf, a chair, a star, a hat, are all *objects*.   All things that we can see are called *objects* in English.   The chair, the hat, the pin, and the book, were made by man.   The stone, the tree, the bird, the leaf, the horse, and the star, were not made by man, but were created by God, and are called created things.   The things which are made by man are not *created* things.

智環啟蒙塾課初步

香港英華書院從英文譯出

第一篇小引

第一課眼所能見之物論。

一團石一部書一根樹一隻雀一隻馬一管針一片葉一張椅一粒星一件帽此皆眼所能見之物英話叫做 *objects* 椅帽針書係人所作。

石樹雀葉馬星非人所作乃上帝所造叫做受創造之物人所作者不叫受創造之物。

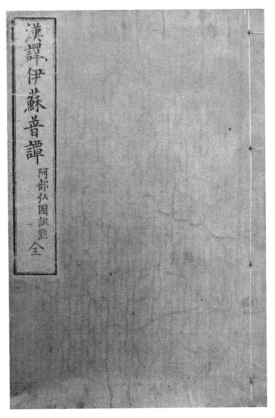

↑→ 英華書院出版的《漢譯伊蘇普譚》（即《伊索寓言》）
傳入日本，對日本小說的創作和閱讀影響極大。
（圖片來源：英華書院校友陳駿輝、葉冠霖、劉百
鈞、盧宇軒和歐陽裕鋒）

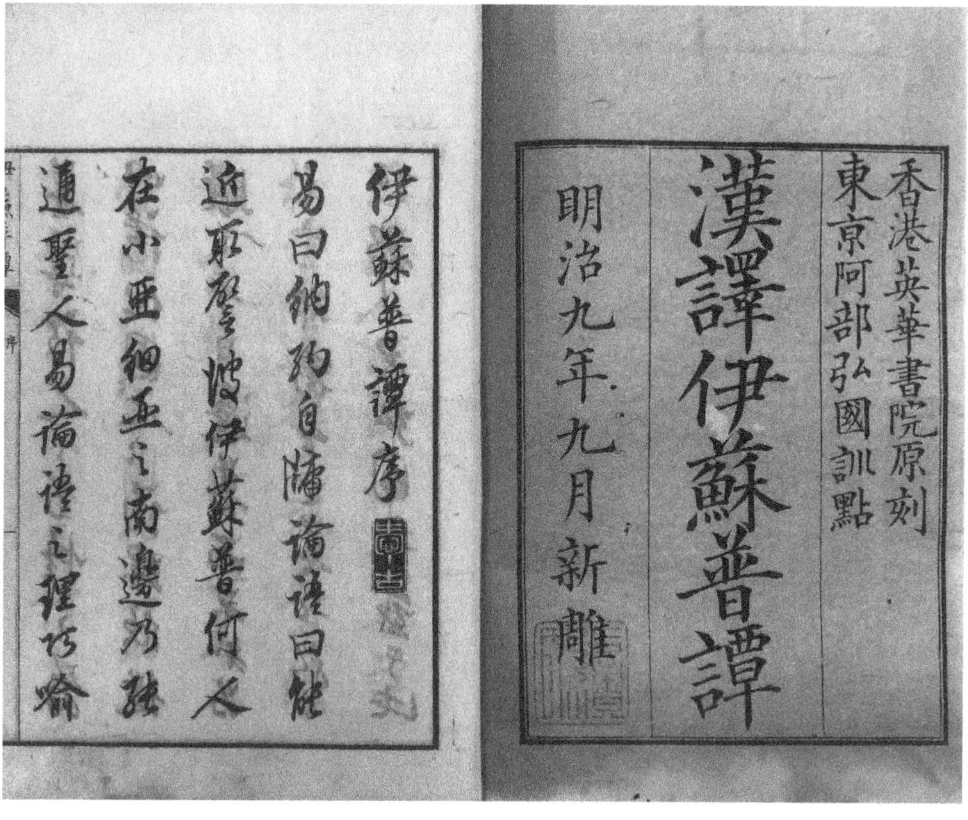

香港英華書院原刻
東京阿部弘國訓點

漢譯伊蘇普譚

明治九年九月新雕

伊蘇普譚序

易曰納約自牖論語曰能

近耶譬波伊蘇普何人

在小亞細亞之南邊為強

通𧩙人易譎譚元理巧喻

↑ 英華書院出版之中文版《聖經‧新約全書》與供外籍人士學習中文的《初學粵音切要》。
（圖片來源：英華書院校友會文物檔案組）

CONFUCIAN ANALECTS.

BOOK I. HEŎ URH.

論語

學而第一

子曰、學而
時習之、不亦
說乎。有朋自
遠方來、不亦
樂乎。人不知
而不慍、不亦
君子乎。

CHAPTER I. 1. The Master said, "Is it not pleasant to learn with a constant perseverance and application?

2. "Is it not pleasant to have friends coming from distant quarters?

3. "Is he not a man of complete virtue, who feels no discomposure though men may take no note of him?"

TITLE OF THE WORK.—論語, 'Discourses and Dialogues;' that is, the discourses or discussions of Confucius with his disciples and others on various topics, and his replies to their inquiries. Many chapters, however, and also whole book, are the sayings, not of the sage himself, but of some of his disciples. The characters may also be rendered 'Digested Conversations,' and this appears to be the more ancient signification attached to them, the account being, that, after the death of Confucius, his disciples collected together and compared the memoranda of his conversations which they had severally preserved, digesting them into the twenty books which compose the work. Hence the title—論語, 'Discussed Sayings,' or 'Digested Conversations.' See 論語註疏解經序. I have styled the work 'Confucian Analects,' as being more descriptive of its character than any other name I could think of.

HEADING OF THIS BOOK.—學而第一. The two first characters in the book, after the introductory—'The Master said,' are adopted as its heading. This is similar to the custom of the Jews, who name many books in the Bible from the first word in them. 第一, 'The first;' that is, of the twenty books composing the whole work. In some of the books we find a unity or analogy of subjects, which evidently guided the compilers in grouping the chapters together. Others seem devoid of any such principle of combination. The sixteen chapters of this book are occupied, it is said, with the fundamental subjects which ought to engage the attention of the learner, and the great matters of human practice. The word 學, 'learn,' rightly occupies the forefront in the studies of a nation, of which its educational system has so long been the distinction and glory.

1. THE WHOLE WORK AND ACHIEVEMENT OF THE LEARNER, FIRST PERFECTING HIS KNOWLEDGE, THEN ATTRACTING BY HIS FAME LIKE-MINDED INDIVIDUALS, AND FINALLY COMPLETE IN HIMSELF. 1. 子, at the commencement, indicates Confucius. 子, 'a son,' is also the common designation of males,—especially of virtuous men. We find it in conversations, used in the same way as our 'Sir.' When it *follows* the surname, it is equivalent to our 'Mr.' or may be rendered 'the philosopher,' 'the scholar,' 'the officer,' &c. Often, however, it is better to leave it untranslated. When it *precedes* the surname, it indicates that the person spoken of was the master of the writer, as 子沈子, 'my master, the philosopher 沈.' Standing single and alone, as in the text, it denotes Confucius, *the philosopher*, or, rather, *the master*. If we render the term by Confucius, as all preceding translators have done, we miss the indication which it gives of the handiwork of his disciples, and the reverence

---

↑ 英華書院翻譯了多本中國經典，圖為《論語》（*Confucian Analects*）的漢譯英版本。
（圖片來源：英華書院校友會文物檔案組）

革命思想是從香港得來

　　孫中山先生於 1883 年來港，並在港求學，先後入讀拔萃書室和中央書院。據他晚年在港大的演說，這段在港求學經歷，既長了他的見識，也讓他多了反思：「每出外遊行，見本港衛生與風俗，無一不好，比諸我敝邑香山，大不相同。」此外，那時正值中法戰爭，香港的華工為抗議法國侵略而拒絕修理法軍艦和為法船卸貨，發起杯葛運動，香港政府嘗試鎮壓，卻導致各行業罷工罷市。孫中山先生把這愛國行動對照清朝的屈辱求和，進一步萌發他的革命思想。

　　1887 年孫中山入讀香港西醫書院，常與同鄉楊鶴齡、同學陳少白、友人尤列等「四大寇」針砭時事，商討反清大計，其後更起結義起誓，以推翻滿清為志。五年後，他曾短暫行醫，不過在港的經歷使他明白救國不在醫人，而在於徹底的革命：「（香山）鄉間要做警察及看更人方可，因斯二者有槍械在手，晚上無時不要預備槍械，以為防備之用。由此可想到香港地方與內地之比較，因為香港地方開埠不過七八十年，而內地已數千年，何以香港歸英國掌管，即佈置如許妥當。」

　　除了啟蒙外，香港還是反清革命活動的大本營，革命黨在港聚會、籌款、辦報、策劃。孫中山先生直接策劃的南方十次武裝起義，有六次以香港為基地，港人積極參與了這些革命活動，從財力物力上慷慨捐助，直至革命成功。

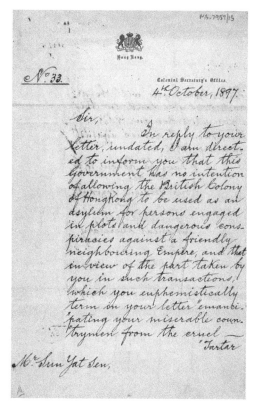

↑ 香港輔政司駱克爵士（Sir James Haldane Stewart Lockhart）寫信給孫中山先生，信中警告如果孫中山登陸香港，他將被逮捕。發信日期為 1897 年 10 月 4 日。
（圖片來源：Letter to Sun Yat Sen from Colonial Secretary of Hong Kong, Wellcome Collection. Attribution 4.0 International (CC BY 4.0)）

香港西醫書院：1887 年，為培育華人西醫，何啟等人於雅麗氏醫院開辦附設的西醫書院，得到港督的支持，並由當時的直隸總督李鴻章為榮譽贊助人，成為香港第一間專上學院，設有西醫書院的課室、圖書館及學生宿舍。

改革開放的參與者

　　到了 20 世紀七八十年代的國家改革開放時期，香港的貢獻主要集中在三個方面：轉口貿易、直接投資及市場經濟的發展。

　　1980 年，中國正式成立首個經濟特區深圳，一河之隔的香港商人響應號召，北上興業投資，為改革出一分力，同時也賺得「第一桶金」，「港商」從此成為具時代特色的名詞。港商率先在內地設廠，給內地帶來第一筆財富，也揭開了內地引進外資的序幕。改革開放初期，內地有八成的投資來自香港，後在相當長的時期內，香港一直是內地最大直接投資的來源地。2018 年，港資佔內地累計吸收境外投資總額的 53.5%。除了資金外，港商還引進市場化管理經驗和國際商業網絡，推動內地建立市場化的機制。

　　改革開放四十多年來，中國成為全球第一工業國、第一出口國、第一大消費市場和第二大經濟體。在這過程中，港資是「引進來」、「走出去」的先行者，也在金融、航運、物流、專業服務等優勢獨一無二，亦為改革開放發揮了巨大的作用。展望未來，香港在「一帶一路」倡議和「粵港澳大灣區」的發展上，可發揮本身的優勢，盡展所長。👤

↑ 1980 年，在全省率先試行家庭聯產承包責任制的華容縣萬庾公社
兔湖大隊社員正在交「秋糧」。

↑ 1980 年 6 月 27 日，中美合資建造的中國第一家中外合資飯店——
建國飯店開工建設

↑ 圖為港商太平手袋廠首駐東莞。高峰時期,港資
　工廠聘用 1,100 萬內地勞工。

「啟蒙」—— 小香港曾改變大世界

無地不發達的香港

1841年1月26日，英國人登陸現今上環水坑口街一帶，升起英國國旗，佔領香港島。開埠前，赤柱是主要的聚居點，但因各種原因，開埠後港府決定大力開發面向維港的港島北岸。為增加土地供應，以容納與年俱增的人口及配合維多利亞城的發展，填海造地是唯一方法。1851年，港島開始首次填海工程，為激增的人口提供居所外，也為交通、航運、造船、工業發展供應土地。這一章，我們通過兩次「第一次」來說說填海的故事。

圖片來源
The way to the landing pier, Hong Kong, China, 1900, STEREO FOREIGN GEOG FILE — China—Hong Kong, US Library of Congress

重 生

填海

移山

文咸街

啟德

維多利亞港

機場

地少人多

↑香港熙來攘往的碼頭，是昔日中外交通的重要地方。

掃瞄聽歷史：

第一次官方填海：因禍得福「文咸填海」

　　港島的填海特色是先把海岸線拉直，再向海要地。現今有很多主要街道都是建在填海造地上，如干諾道、遮打道、德輔道等。

　　1851 年 12 月一個晚上，在下市場位址（即今蘇杭街，Jervois Street）發生嚴重火災，起火地點是志昌服裝店，火災範圍東面波及現址皇后大道中與蘇杭街、威靈頓街交界，南至皇后大道中、西面至蘇杭街與摩利臣街接壤、北至蘇杭街以北海旁。火災發生期間，為免火勢向東蔓延至中環地區，軍方利用 100 磅炸藥炸毀中間的房屋，以堵截火勢，這對華人居住區域造成大面積的破壞。除了多達 458 間民房被焚毀外，還有 200 名華人失踪。

　　由於災場受損毀嚴重，時任總量地官的哥頓[*]草擬了第一個填海工程：「文咸填海」，以重建及整頓下市場。文咸海旁地段的業權集中在華人手上，政府與業主達成協議，將新建成的海旁地段公開拍賣；此外，鄰近地段業主亦要承擔碼頭、支撐石牆的工程費用及海堤的興建費用。填海工程在當時文咸海旁向北伸展，繼而在海旁開闢一闊約 50 呎的海旁道。有趣的是，填海的物料主要是採用磚塊或石塊和眾多被毀的房屋瓦礫。一方面增加土地，一方面又可處理災後瓦礫，可謂一舉兩得。

↑ 1869 年的文咸西街。
（圖片來源：Bonham Strand, Hong Kong. Photograph by John Thomson, 1869.）

哥頓：1843 年 1 月工程師哥頓（Alexander T. Gordon）獲委任為香港的田土廳廳長兼量地官及道路監督（Land Officer, Surveyor and Inspector of Roads），負責規劃城市的公共設施如政府建築、道路、海堤、平整土地、食水及排污系統等工程，制定維多利亞城的建設藍圖。

是次重建促成香港首個填海工程，改變了城市面貌。19 世紀末開始，文咸東街更逐漸成為金銀貿易業的中心，日後金銀貿易場也遷入文咸東街。

第一次私人填海：啟德濱的失敗到機場的重生

1911 年辛亥革命前後，大量內地富人移居香港，香港華商看到時機，計劃在九龍灣填海，興建華人高尚住宅區。1914 年在華人立法局議員伍廷芳建議下，華商何啟 *、區德 *等組成啟德營業有限公司，向政府申請九龍灣位填海。九龍灣東面面向維港，北有白鶴山、獅子山背靠，西南有宋王臺和聖山圍繞，冬暖夏涼，被視為風水之地。此外，為避免填海地落入 1860 年《北京條約》所訂的割讓範圍，他們有意選定界限街以北作填海地。

首期填海工程於 1916 年中開始，由九龍灣西岸（近今天富豪東方酒店對出太子道東）向東填海至今天麗晶花園一帶。填海工程分三期進行，完成後可得填地 200 畝。1920 年，一個三角形的新地域誕生了，隨即興建高級花園洋房 200 所，樓高三層，名「啟德濱」（Kai Tack Bund），該處還設有警署、幼稚園、小學及中學等設施。

第二期填海工程在 1921 年開始，但進行得並不順利，因先後發生「海員大罷工」和「省港大罷工」，1926 年的香港經濟嚴重衰退，不少居民離港返鄉。

1924 年香港航空會（The Hong Kong Flying Club）一群外籍飛行愛好者於新填地東面（即第二期填海位置）用作飛機升降，而英國皇家航空母艦（H.M.S. Hermes）的機隊亦於 1925 年利用啟德空置土地作臨時停泊飛機之用。

何啟：祖籍廣東南海，1859 年生於香港，著名醫生、大律師、商人暨政治家，於 1912 年獲英國政府頒授爵士勳銜，是首位華人獲此勳銜。

區德：又名歐澤民，廣東南海人，曾任東華醫院總理，知名企業家、慈善家。在香港經營「昭泰隆」（A. Tack & Co.）百貨及傢俬業起家，擁有大批物業。

省港大罷工：1925 年至 1926 年，香港和廣州的工人抗議因為「五卅慘案」而發起的大規模、長時間罷工。

美國人亨利‧亞弼（Harry Abbott）於1924年3月在啟德填海地上飛行，為有紀錄於啟德飛行的第一人。1925年1月亞弼向啟德公司租60英畝地開設飛行學校，並計劃開辦香港與內地的客貨空運業務，唯飛行學校生意不理想，以致空運生意未能展開，同年8月結束飛行學校。

↑ 1924年亞弼的飛行表演廣告。表演於該年5月4日下午2時30分舉行，部分收入捐贈東華醫院。
（圖片來源：吳邦謀）

「省港大罷工」令英國在中國的經濟、外交及政治利益受打擊，英國擔心香港受衝擊，遂興起在香港建立一個空軍基地，以加強防衛的念頭。除軍事用途外，到 20 年代中期，越來越多飛機來往，皆使香港愈來愈需要一個機場。

1926 年港督金文泰（Sir Cecil Clementi）指：「在香港和新界也找不到如此理想的地方興建機場，若果選址啟德不能成事，則別無選擇。」《香港孖喇沙西報》（*Hongkong Daily Press*）在 1928 年的一篇評論正好説明了選址啟德興建機場的理由：「（啟德）機場的選址非常理想，因為它把一個大型飛機升降場和一個極好的水上機場合二為一……完成後，香港將會擁有世界上其中一個最好的機場。」

1927 年，填海工程正式被政府接管。機場於 1930 年建成，沿用「啟德」作為名稱。同時，英皇家空軍亦在填海地東面建立基地（R.A.F. Station, Kai Tak）。幾年後，已有五間航空公司，以啟德機場為基地，擴展航線至中國多個大城市。

↑ 1920 年代，從九龍城警署遠眺九龍灣填海一帶與九龍城寨。圖左為啟德濱私
人住宅。
（圖片來源：吳邦謀）

「重土」——無地不發達的香港

↑ 香港填海範圍一覽。

　　一百多年來，香港的「重土」故事一直書寫下去，城市的發展離不開土地，香港人多平地少。二戰前，填海集中在港島和九龍半島，二戰後，由於人口不斷增加，市區變得擠逼，政府積極展開新市鎮及衛星城市的計劃，於新界地區進行大規模的填海工程，如沙田、荃灣、屯門等，以解決和紓緩市中心人口過多的社會問題。填海既可以滿足過去香港人對居住、社會民生、經濟發展等需求，另方面亦促成城市的向上發展。👤

從六日到十八日

自開埠百多年以來，香港一直過着相對承平的日子，雖或偶而發生一些動亂，但規模不大，持續時間也不長，獨有兩場戰爭，卻能反映港人的血淚和抵抗：1898 年英軍進佔新界時，曾遭遇「六日戰爭」；1941 年，日本發動太平洋戰爭，悍然攻打香港，這是香港史上唯一的全面戰爭。港英守軍在裝備不足、戰略失誤和情報欠準下，在十八天後向日軍投降，這一章談談港人奮勇抵抗的故事。

抵抗

\# 展拓香港界址
　專條

\# 新界

\# 六日戰爭

\# 香港淪陷

\# 醉酒灣防線

\# 東江縱隊

↑ 1941 年，日軍在廣福橋上。

本地人的守土反抗

1898 年英國和清廷簽訂《展拓香港界址專條》，英國向清廷租借九龍界限街以北、深圳河以南地方及附近逾二百個離島，為期 99 年。1899 年 3 月，雙方代表簽署了《香港英新租界合同》[•]。1899 年 3 月 28 日，港督卜力（Sir Henry Arthur Blake）派警察司梅含理（Francis Henry May）等到大埔墟附近小山上搭建警棚。同日，錦田，屏山、廈村、下八鄉的鄉紳們集會，並聲言「痛恨英夷」，守土反抗。

4 月 3 日，鄉民焚毀警棚。4 月 7 日，卜力宣佈在 4 月 17 日正式接管新界。4 月 10 日，屏山、廈村等以「本地」人為主的村民在廈村鄧氏宗祠前集會，反對英人接管新界，各鄉代表齊集元朗東平社學開會，成立了武裝抗英的領導機關——太平公局。4 月 14 日，大埔抗英武裝在英方準備豎立旗杆不足八百米遠的地方挖好了戰壕，數千村民拒阻英軍，並燒毀了為升旗而修建的蓆棚。4 月 15 日，來自深圳和民間會社近二千人到達聲援，再焚毀警棚。4 月 16 日，半營英兵到大埔，擊退鄉民，接管新界的升旗儀式在大埔匆匆舉行，新界自此被英國佔領。

19 日，抗英鄉民繼續武裝抗爭，各路英軍齊集錦田，強行炸毀吉慶、泰康兩圍高牆，並將吉慶圍鐵門[•]拆下，作為當地人抗英的懲罰。21 日，輔政司駱克（James Lockhart）逼令

錦田、厦村等村落居民遞交請求「歸順」的請願書，歷時六日（4 月 14 日－19 日）的抗英武裝行動至此結束。

「六日戰爭」雖然因強弱懸殊而失敗，但卻是香港人自1841 年後被英國殖民佔領後的首次大規模反抗，並迫使英國人在統治新界地域時，更多採用懷柔政策。

根據《展拓香港界址專條》的陸界走向，應為沙頭角到深圳灣之間最短的一條直線，但在實際勘界過程中，英方提出「自然界限」的說法，即以山脈和河流定界，並一度企圖把整個新安縣都囊括在新界內。經過雙方的談判，中方同意了以深圳河為界的方案，港府輔政司駱克事後宣稱，英國借此「完全控制了那條在《專條》所附地圖上沒有包括在英國租借地內的河流」。

吉慶圍鐵門：鐵門是鄧氏家族的珍寶，鑄於明代，已有三百年歷史。當英軍向新界錦田地區推進時，錦田居民以犁鋤作武器，憑藉着堅固的圍屋奮起抵抗。英軍只好以大炮轟擊吉慶圍的鐵門，準備摧毀整個圍村。後來，指揮這場戰爭的英國軍官為了邀功，也為了顯示武力的成果，特地把這副鐵門運回英國倫敦，繼而又運往愛爾蘭。直至 1924年，鄧氏紳耆向港督司徒拔要求歸還鐵門，鐵門才於翌年被運回香港。鄧氏家族族人遂鄭重其事地重新安裝這副鐵門，並在圍牆的右方鑲嵌了一塊石碑以誌其事。

六日戰爭示意圖。

4 4月17日　林

0 4月1日　元朗　各大本地家族長老會面，商議對策。

0
● 元朗

林村 ●

5
● 上村

5 4月18日　上村　武裝的村民反擊，英軍沿水道佈防，村民敗走。

6 4月19日（結束）　武裝分子及村民投降，歷時六日的戰爭結束。

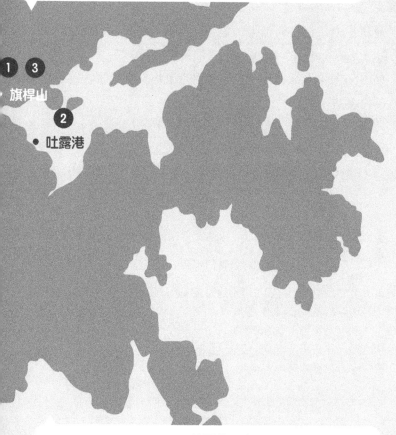

英軍乘勢推進，攻擊林村谷口，在該處設防的村民逃匿深山。

3 4月16日　大埔旗桿山　英方無視抗議，繼續舉行升旗儀式。

1 4月14日　大埔旗桿山　元朗墟和大埔七約組織村民燒毀升旗儀式的竹棚。

1 **3**
旗桿山

2
● 吐露港

2 4月15日　吐露港　英國的印裔軍隊到大埔，被武裝的村民包圍。英軍隨即遣軍艦救出軍隊。

日軍南下太平洋

　　早在上世紀 30 年代，日本已在情報上準備了攻打香港的計劃，分別獲得香港海岸地圖、新界九龍港島各座槍堡的位置，並實地考察可登陸海灘；最後是通過和香港黑社會合作，預備開戰時可擾亂香港[*]。另一方面，英國國防委員會在 1921 年已判斷「香港不可能成為一個安全可靠的基地」，並把駐在東亞的海軍主力遷移到新加坡。港督羅富國（Sir Geoffry Alexander Stafford Northcote）曾建議把香港列為「不設防城市」（Open City），避免一旦交戰香港會被日本佔領，但建議不為英方接納。

　　1940 年 7 月，日本御前會議決定：「南進」太平洋。在定下的戰爭計劃中，日軍同時偷襲香港、馬來亞、印尼和珍珠港。

《香港作戰要領》

1. 戰爭伊始，即以戰機摧毀香港附近的空軍部隊和艦艇。
2. 第 21 軍從陸地正面攻佔香港。
3. 先攻九龍半島，再攻香港島。
4. 根據情況，由香港島南岸登陸或只是封鎖港島。
5. 使用兩個師的基幹兵力。

英日兵力對比

	日軍	英軍
軍隊	陸軍第 38 師團為主力的第 23 軍和海軍第 2 遣華艦隊大部。	香港步兵團、加拿大派遣旅、皇家炮兵團、香港義勇軍及部分海軍、空軍。
兵力	約 40,000–50,000 多人	約 12,000 多人
司令	佐野忠義大佐	莫德庇少將
軍火	各種火炮 215 門，其中大口徑火炮 42 門，飛機 50 餘架。海軍巡洋艦 1 艘、驅逐艦 3 艘、魚雷艇 4 艘、炮艦 3 艘。	各種火炮 140 餘門，其中大口徑火炮 63 門，空軍魚雷攻擊機、水陸兩用機機共 5 架。海軍巡洋艦 1 艘、炮艦 4 艘、魚雷艇 8 艘、武裝巡邏艇 15 艘。

1941 年 12 月 8 日凌晨 4 時 45 分，日本向英、美宣戰。上午 8 時，日軍戰機空襲啟德機場，炸毀五架戰機和八架民航機，其後日機炸毀深水埗和昂船洲之炮台。

潛伏在港的黑社會在 12 月 8 日晚上到處製造混亂，縱火燒車站、米店，破壞運輸車輛，搶掠補給物資，又以手電筒向日本艦艇發放訊號情報。最後在九龍最高的半島酒店掛起日本太陽旗。

日軍隱語列表中譯

有關 X 日的暗語表　昭和十六年（1941年）11月17日　大本營陸軍部　大本營海軍部

原意	一	二	三	四	五	×	備考
暗語	HIROSHIMA 廣島	FUKUOKA 福岡	MIYAZAKI 宮崎	YOKOHAMA 橫濱	KOKURA 小倉	HINODE 日之出	凡例：原意的【X】以〈〉電文的【HINODE】以【YAMAGATA】表示 日之出
原意	六	七	八	九	十		
暗語	MURORAN 室蘭	NAGOYA 名古屋	YAMAGATA 山形	KURUME 久留米	TOUKEU 東京		

　　自甲午戰爭成功後，日本對外戰爭多以偷襲形式進行，故保密非常重要。上圖是日本發動太平洋戰爭日期的文件，皆以都市名來做為代號，順序分別有「室蘭」（六）、「名古屋」（七）、「山形」（八）、「久留米」（九）、「東京」（十），最後開戰日定在 12 月 8 日，代號是「山形」。

　　早上 9 時，日軍分左、中、右三隊突襲香港，沿途未有守軍，長軀直入至英軍嚴防的城門醉酒灣防線前。12 月 9 日晚上 9 時，第 223 分隊隊長土井下令夜襲英軍 251 高地，駐守護陣地的加拿大營長被俘，陣地很快便全面失守。10 日上午

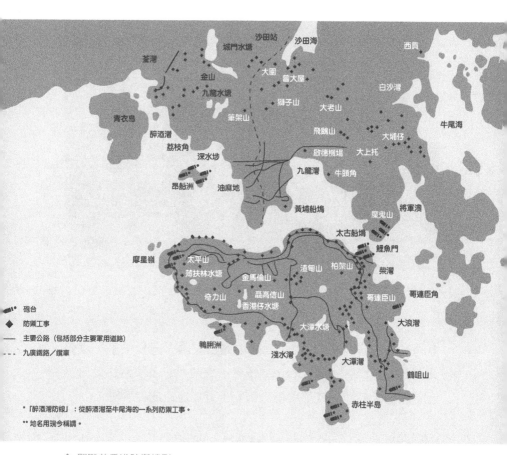

* 砲台
◆ 防禦工事
— 主要公路（包括部分主要軍用道路）
--- 九廣鐵路／纜車

* 「醉酒灣防線」：從醉酒灣至牛尾海的一系列防禦工事。
** 地名用現今稱謂。

↑ 開戰前香港防禦情形

根據瀨島龍三的回憶錄《幾山河》，「HINODE」指「X 日」，即是進攻日。以「YAMAGATA」表示，即進攻日為 12 月 8 日。

↑ 1941 年 12 月 8 日，日軍越過中港邊界，正式開展佔領香港。

10 時，金山失守，城門水塘陣地完全失陷。同日中午，港督
楊慕琦（Sir Mark Young）下令在九龍所有英軍撤往港島。
日軍用兩天時間完成了戰前規劃要十天才能完成的目標。

　　13 日上午 9 時，日軍向楊慕琦遞招降書，但為楊拒絕。
於是，日軍不斷從九龍對岸向港島炮轟和空襲。17 日，日軍再
次招降，楊仍是拒絕。18 日晚上 7 時，在大火濃煙的掩護下，
日軍八千人分別在鯉魚門、太古和北角一帶登陸。19 日下午，
日軍搶佔港島東面的渣甸山、畢拿山和柏架山一帶，英軍反攻
黃泥涌峽的行動失敗。當日晚上和 20 日下午，日軍分別向跑
馬地和淺水灣進攻。20 日，日軍攻佔香港最大的大潭水塘，
截斷了全港的食水供應。22 日，金馬倫山高地失守，日軍沿

↑ 若林東一所在的日軍第 228 聯
　隊進攻醉酒灣防線，若林東一
　找到了主碉堡、觀測站以及各
　碉堡之間的偵查和射擊死角，
　在重炮的掩護下，若林東一率
　隊攻下，並在城門金山刻下漢
　字「若林隊占領」。

↑ 1942 年 12 月 25 日，日本政府
　於香港中環一棟大廈懸掛「香港
　新生一周年」的條幅。

日軍佔領香港三年零八個月，以恐怖手段高壓統治香港。日本憲兵隊
經常對香港市民濫施酷刑，包括灌水、火燙、電刑、夾棍、吊飛機、
跪刑、鞭打、斬首等等；市民遇到日軍要敬禮，並作九十度彎腰鞠躬。
日軍也常以清剿游擊隊為名，施用酷刑迫使市民供出有關情報。日軍
也通過「軍票」強迫市民用港幣兌換，大規模掠奪港人的財產。同時
又實施糧食配給制度，並隨着太平洋戰爭的失利，在佔領的最後歲月
廢止白米配給制度，黑市米價急劇上升，一般市民只能以雜糧甚至樹
皮來維持生命。

馬己仙峽道直下，威脅中區。23 日，在淺水灣酒店的英軍被迫退至赤柱，港島英軍被切斷成東西兩部。25 日，日軍炮轟域多利兵房、灣仔峽、歌賦山。下午 4 時，楊慕琦發佈停戰的命令。晚上 6 時 30 分，楊慕琦簽署了投降文書。

日軍的戰略要求	需要日數	實際日數
突破香港邊境—— 國境突破到推進到大帽山東西線	3	1.5
集結兵力，預備攻打英軍醉酒灣防線—— 日軍主力集結後，在炮兵的掩護下，向英軍醉酒灣防禦線推進，準備近距離攻擊英軍。	7	0.5
攻克英軍醉酒灣防線—— 發動對英軍醉酒灣防線的攻擊，突破九龍北端的防禦。	3	3
登陸香港島的作戰準備——準備登陸香港島。	7	5
攻克香港島——掃蕩香港島。	3	8

就在日本人進攻香港的同時，一支游擊隊在日本人來到前便已着手蒐集英國人的武器，並在英國人撤走後安定了離島上的生活秩序。在日佔時期，他們分成不同隊伍，營救了一大批文化人和外籍人士，並在新界的土地和海域與日軍、土匪周旋，控制了比日軍佔領更大面積的土地，繼續書寫着香港「抵抗」的故事。這支部隊通過稅站自給自足，並在日本投降後，或北撤或解散。這支主要由客家人組成隊伍名為「東江縱隊港九獨立大隊」。1998 年，一本港九獨立大隊烈士名冊由時任行政長官董建華置於香港大會堂的紀念龕，讓市民認識這班奮

不顧身保衛家園的戰士，肯定他們對香港的貢獻。

　　從「六日戰爭」到「十八日的戰爭」再到「三年零八個月」，香港的本地人和客家人聯袂「抵抗」外敵，守土衛國、血灑香江、不認輸、不屈服，展現香港人愛家愛國的大無畏精神。

↑ 東江縱隊港九獨立大隊。

香港小　文化大

從十九世紀的轉口港開始，香港成了第一個走上現代化發展的中國城市。香港走在時代之先，開創了特有的移民文化：以流行文化為主流，中西傳統和現代文化交匯融合，各族群交流、溝通，東西方文化在此處相互影響，互相作用。這一章，我們說說既體現中西文明交融，同時也譜出現代城市的獨有風格的香港文化，如何「影響」華南以至全球華人。

影響

中西交匯
香港非遺
香港文學
香港電影
流行文化

掃瞄聽歷史：

↑香港電影金像獎是華語電影界的重要獎項之一，是香港電影在世界
　地位的標誌。

現代化下與傳統共存

　　從出土的新石器和青銅時代的遺物中，可清楚看到香港文化同屬嶺南文化一支，開埠後，雖受到西方文化的猛烈衝擊，但香港卻一直很好地保留嶺南文化的特色，除了以粵語為通用語言，粵劇、粵語電影和歌曲也一直風行；而在社會風俗和生活習慣方面，在港華人依然不改傳統信仰，其中信徒最多的是佛、道兩教，各大寺廟道觀，都四時開放，任人參拜，信眾亦會踴躍「簽香油」給神靈點燃香燈和茹素。諸教諸神大都導人行善，勸人積德，濟困扶危。每年，香港人都歡慶傳統節日，如元宵節的燈會、端午節的賽龍舟、清明節的掃墓、重陽節的登高，其中，春節是最為熱鬧的，吃年夜飯、逛花市、探親訪友都是必做的事情。香港甚至尚保留一些在內地已失傳的傳統習俗，如搭棚演出的神功戲 等，有些習俗甚至成為非物質文化遺產。於 2017 年公佈首份「香港非物質文化遺產代表作名錄」中，香港共有 477 個傳統非遺的項目。

　　香港文化真正全面走上文化大舞台是在上世紀 50 年代，由於中國受到美國制裁，只能閉關建設。香港因其自由和富裕，成了當時華人世界最現代的文化代表，在 50 至 70 年代影響到東南亞和台灣地區。到 80 年代，更擴及整個中國大陸和海外華人，為幾代人中國人貢獻文化產品。

↑ 香港獨有的神功戲戲棚，其搭建技藝已列入非遺名單。圖為 2014 年廈村約的甲午太平清醮大戲棚。
（圖片來源：Chong Fat / CC BY-SA 3.0，https://zh.wikipedia.org/wiki/File:HK_DaJinOpera_HaTsuen_2014.jpg）

在沒有劇院的年代，搭棚看大戲是香港街坊鄰里的消閒娛樂，而神功戲便是因應時節，如洪聖誕、天后誕等而安排的街坊節目。神功戲多在空地舉行，戲棚是臨時搭建，是一門傳統的建築美學，利用簡單的竹枝、杉及鐵片搭建而成的戲棚，帶有幾何、對稱、平衡、安全，及觀眾欣賞的舒適度等各種考慮元素。這門技藝沒有文字記載，只靠搭棚師傅口傳經驗而作出精準判斷。

↑ 香港的粵劇發展鼎盛，每年均有過百場大大小小的粵劇演出。
（圖片提供：黃懷訢）

「影響」── 香港小　文化大

50 年代構建現代城市文化

50 年代的香港從轉口港轉變為工業化城市，經濟的快速
發展、財富的迅速累積，所伸延出豐富的物質、巨大的生活壓
力以及現代城市精神的空虛，令符合大眾口味的通俗文化快速
蔓延生長，電影、電視、歌曲、小說等一大批帶有香港社會現
實特色的文化產品應運而生，衍生出一個新生的「香港文化」
體系。

同時，國共內戰剛結束，大量資金＊、文人和難民來港，大
大增強和豐富了香港經濟和文化。

↑ 徐復觀。

↑ 錢穆。

以錢穆為代表的內地文人遷居香港，創辦「新亞書院」、「人文學會」等傳道授業解惑之所，新亞的唐君毅、徐復觀、牟宗三等人在回應了中華文化現代化進程中的危機、困境等問題後對儒學的力挽狂瀾，使香港成為 50－60 年代港台地區「新儒家」的主要輿論陣地，為研究中國哲學的中外學者們，開啟了另一個與哲學對話的平台。

早在抗日時期，張愛玲、蔡元培、許地山、戴望舒、蕭紅等五位當代文學家、學者就曾經客居在香港島南區。這時期張愛玲的《天才夢》、蕭紅的《呼蘭河傳》、戴望舒的眾多詩作均是在香港完成。此外，這個時期創辦了大量文藝報刊，例如廖承志等人創辦的《華商報》、南來文藝青年創辦的《文藝青年》、戴望舒等人創辦的《耕耘》雜誌等，這些刊物在促進香港文化與內地文化交流的同時，對中國現代文學與香港本土文學的發展均起到了推動作用。

從 1946 年到 1950 年間，從內地流入香港的資金達幾十億港元，帶動了紡織業、製造業、金融業、地產業、建築業、旅遊業、交通運輸業的興起。

↑ 張愛玲　　　　　　　　↑ 戴望舒

80 年代文化輻射全中國

　　1948 年到港的金庸和本地出生的梁羽生等武俠小說家，在港創作了帶有現代風格的武俠小說，奠定了香港在現代文學史上的重要地位，並衍生了大量影視作品，是幾代海內外中國人的共同記憶，其影響力經久不衰。

　　香港文化對內地的影響始於上世紀 80 年代中期，電視劇《霍元甲》、《上海灘》和《射鵰英雄傳》在內地播出，風靡

萬千國人，成為他們的成長回憶。《大時代》等現代題材電視劇，便成為剛打開國門的中國人了解香港城市的一扇窗口。

在華語流行音樂方面，香港是當仁不讓的華語音樂中心，粵語流行曲在內地的大街小巷播放。由張明敏、譚詠麟到四大天王等樂壇明星，都是家喻戶曉的人物。歌曲磁帶封頁上的藝人造型，亦成為內地年輕人競相模仿的對象。

同時，香港電影也紅遍大江南北。《倩女幽魂》、《新龍門客棧》等，風靡全國，蜚聲海外。此外，港產電影也在開創了「黃飛鴻」、「葉問」等武打功夫系列，和以刻劃小人物為主的「無厘頭」系列。前者是俠義英雄主義的人物，在行俠仗義、除暴安良之外，更有一種為國為民的民族情結；後者突出小人物自立自強的精神，如周星馳演繹的小人物，從《逃學威龍》、《喜劇之王》、《月光寶盒》到《長江七號》，表達的均是小人物在人生困境、實現人生目標中需要的勤奮堅忍的精神。👤

回歸之路

香港回歸的故事和百年來中國復興的故事是一脈相承的，根據中英的三條條約，香港島和九龍半島屬永久割讓，而新界區則是租借的，到 1997 年 6 月 30 日期滿。那為甚麼屬永久割讓的香港島和九龍半島也會在同一天回歸中國呢？我們這一章就說一說「回歸」的故事。

復興

五四運動
香港回歸
五十年不變
中英聯合聲明
鄧小平
戴卓爾夫人

掃瞄聽歷史：

↑ 1997 年 6 月 30 日午夜，香港主權交接。

不平等條約打開封閉國門

　　1840 年，英國發動了對中國的第一次鴉片戰爭，打開了中國封閉的國門，很快打敗了清政府。1842 年迫使清政府簽下《南京條約》＊，規定清政府「割土地面積為約七十五平方公里的香港島給英國：今大皇帝准將香港一島給予大英國君主暨嗣後世襲主位者常遠據守主掌，以便立法治理」。此條約是中國近代歷史上第一份不平等條約。

　　1856 年英國聯合法國發動英法聯軍之役，並於 1860 年迫使清政府簽訂《北京條約》，規定清政府割土地面積為十一平方公里的九龍給英國：「茲大清大皇帝即將（粵東九龍司地方一區）該地界付與大英大君主並歷後嗣，並歸英屬香港界內。」

　　在 1860 年 3 月，英國駐廣州領事巴夏禮派兵強佔了九龍。3 月 21 日，巴夏禮在廣州逼使兩廣總督勞崇光簽訂協定，將今界限街以南的九龍半島「永租」給英國，每年租金為 500 兩。

　　直到 1860 年 10 月英法聯軍攻入北京，清政府與英法分別簽訂《北京條約》、《中英北京條約》第六款規定，將九龍半島界限街以南的中國領土（包括昂船洲），由「永租」改為「割讓」，「並歸英屬香港界內」。

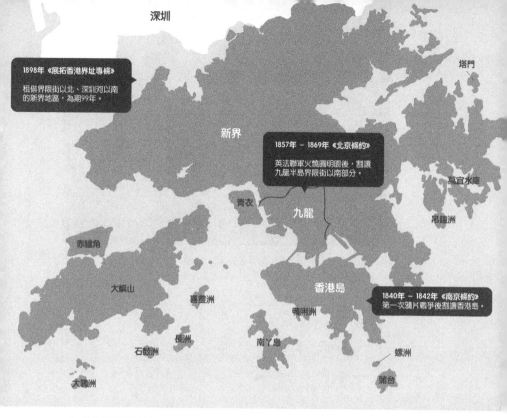

↑ 香港被割讓地圖。

關於子虛烏有的《穿鼻草約》，1840 年 12 月 7 日英國全權代表義律
會見中國欽差大臣琦善，提出賠償煙價、增開通商口岸、割地、在香
港「樹旗自治」等 14 條侵略要求。琦善回覆答應賠款 500 萬兩白銀，
但拒絕割地。義律在 1841 年 1 月 20 日《給女王陛下臣民的通知》中，
稱他和琦善之間「達成了初步協定」，其中竟包括「把香港島和海港
割讓給英國」，這就是所謂的《穿鼻草約》；而到 1 月 25 日英國軍艦
強行登上香港陸地和「正式舉行佔領該島的典禮」為止，中英雙方並
未簽署過任何條約。

↑ 1860 年 10 月，英法聯軍攻入北京搶奪並火燒圓明園。
（圖片來源：《知識雜誌》）

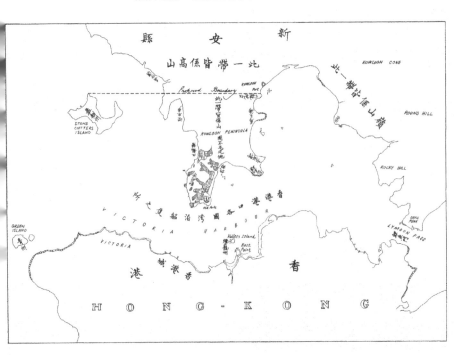

↑ 1860 年中英《北京條約》附圖。

↑ 由港人謝纘泰繪製的《時局全圖》。
（圖片來源：National Archives Catalog, https://catalog.archives.gov/
id/5634178）

1894 年中日甲午戰爭之後，各國在中國競相劃分自己的勢力範圍，英國把長江中下游地區劃為自己的勢力範圍。1898 年 3 月，英國向清廷提出展拓香港界址的要求，同年 6 月 9 日中英簽署《展拓香港界址專條》，將沙頭角海到深圳灣之間最短直線距離以南、今九龍界限街以北地區連同附近 235

↑ 五四運動期間的北洋大學遊行隊伍。
　（圖片來源：天津大學檔案館，https://bit.ly/3uhkOoY）

個島嶼，租借予英國，為期 99 年，到 1997 年 6 月 30 日期滿，唯九龍寨城除外。後來就把英國租借的這部分地區稱為「新界」，雖稱「租借」，但從來也沒有付過租金予歷屆政府。

辛亥革命之後的歷屆政府均不承認晚清政府與西方列強所簽訂的不平等條約，自然也包括涉及香港的三個條約。

辛亥革命後，北洋政府曾向西方列強提出收回租界和失地的主張。一戰之後的巴黎和會，以戰勝國身份參加和會的中華民國政府第一次向國際社會提出了收復包括香港在內、由列強佔領的一切中國領土的要求。北洋政府根據各國約定尊重並遵守「中華民國領土完整及政治上、經濟上、行政上獨立之原則」，要求西方列強將所有的租借地歸還給中國。因為這些租借地不僅是對中國領土完整的侵犯，而且也是這些列強所主張的在中國的勢力範圍。但是中國的要求被西方列強以和會不談論中國問題及要求中國同當事國進行交涉等理由，加以拒絕，同時，列強卻在日本的壓力下，強迫中國政府代表團答應日本接收德國在中國山東的權益。得知結果後，國人強烈反對，國內隨即爆發「五四運動」，而中國代表亦未在條約上簽字。

其時的中國是一個弱國，國內政治動盪，四分五裂，國際地位低下，這些造成列強不在意中國政府的正當要求。

曙光初現　靜待時機

　　在第二次世界大戰期間，中華民國政府以同盟國的身份和英國立平等新約，第一次向英國政府提出收回香港的要求。當時由於美國需要中國在遠東牽制日本，減輕美國在遠東的壓力，美國總統羅斯福表示支持國民黨政府收回香港的要求，並且同意向英國首相邱吉爾施壓，要求英國把香港歸還中國。邱吉爾為了獲得美國的支援，表示可以將香港歸還中國。但是以時機不成熟、二戰結束後再進行談判解決等為由拖延。到二戰即將結束，邱吉爾卻違背承諾，說：「要把香港歸還中國，請從我的屍身跨過去。」(Hong Kong will be eliminated from the British Empire only over my dead body)

　　二戰後的中國雖為戰勝國之一，地位有所上升，但政治軍事實力卻仍不如英國。此外，美國支持中國收回香港的要求也在戰後大為降低，新上任的總統杜魯門對中國的態度遠沒有羅斯福那樣親近，不願意在香港問題上向英國施加壓力。

　　1949 年，中華人民共和國成立，解放軍準備就緒，駐紮在深圳河對岸，有實力收回香港，並可隨時進攻。英國一方面增強香港的防衛力量，同時也有緊急撤退的準備；另一方面又宣佈承認中華人民共和國政府，並建立外交關係，成了西方國家中第一個承認中華人民共和國政府的國家。

特殊地位不變

針對香港問題，中國政府多次表達不承認關於「割」、「租」香港的三個「不平等條約」，不承認英國殖民統治的「合法性」。但中國政府最終沒有在 1949 年收回香港，當時美國對中國實行封鎖政策，港口城市與國外的貿易幾乎斷絕，如再收回香港，則這唯一通向國際社會貿易管道也必然斷絕，同時，香港繼續由英國管治，對於中國所面臨的複雜形勢具有緩衝作用。在考慮到香港的特殊性後，以毛澤東為首的第一代領導人實行「長期打算、充分利用」的政策。

1972 年中國致函聯合國，促成香港從殖民地名單中取消。到在七十年代末期，按照租約，到 1997 年 7 月 1 日，新界就要歸還給中國，當租約期滿臨近，港府能批准土地的日期越來越短，英國希望通過談判續約繼續統治香港。同時，英國也清楚中國對香港的立場，並且明白英國在香港問題上與中國

對外公開表述香港是中國的領土，中國不承認帝國主義強加在中國的三個不平等條約；現在解決香港問題，時機和條件還不成熟。等到條件成熟的時候，將通過外交和平談判的方式解決。在未解決之前，暫時維持現狀，並發揮香港的特殊作用。

↑ 1949 年 10 月 1 日，毛澤東主席宣佈中華人民共和國成立。

對抗沒有多少優勢可言，於是提出「主權換治權」方案。但這一方案為鄧小平為首的中國政府拒絕，中國堅持談判要在九七收回香港主權的前提下進行。

在談判過程中，英國為了達到繼續管治香港的目的，施行「經濟牌」、「信心牌」、「民意牌」、「國際牌」等策略，但都沒有成功。英國立場從堅持香港主權到堅持治權、再到九七後保持和香港的聯繫。

1984 年 12 月中英兩國政府正式簽署了《中英聯合聲明》，核心內容是解決香港回歸的問題，結束了 150 多年香港受到的殖民統治。香港正式於 1997 年 7 月 1 日回歸中國。👤

↑ 1984 年中英兩國簽署《中英聯合聲明》。
（圖片來源：《知識雜誌》）

英國人認為中國近代百年的屈辱使得中國人對領土完整、民族尊嚴極為看重。英國政府可以以承認中國對香港的主權、照顧中國人的民族情感，來換取中國對香港治權的退讓。

↑（圖片來源：Simeon W / CC BY 2.0，https://zh.wikipedia.org/wiki/
File:Hong_Kong_Skyline_view_from_the_peak_2017.jpg）

「復興」——回歸之路

香港極簡史

關於香港歷史的十個課題

邱逸 著

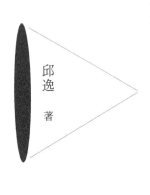

責任編輯 鍾 翮
裝幀設計 阿 簡
排　　版 時 潔
印　　務 劉 林

出版

中華書局（香港）有限公司

香港北角英皇道四九九號

北角工業大廈一樓 B

電話：（852）2137 2338

傳真：（852）2713 8202

電子郵件：info@chunghwabook.com.hk

網址：http://www.chunghwabook.com.hk

發行

香港聯合書刊物流有限公司

香港新界荃灣德士古道 220-248 號

荃灣工業中心 16 樓

電話：（852）2150 2100

傳真：（852）2407 3062

電子郵件：info@suplogistics.com.hk

版次

2021 年 7 月初版

2023 年 8 月第二次印刷

©2021 2023 中華書局（香港）有限公司

規格

16 開（148mm×210mm）

ISBN

978-988-8758-99-9